河南省教师教育课程改革研究项目《双一流建设背景下学前教育专业混合式应用型课程改革与实践》项目编号 2020-JSJYYB-087

U0721695

全实践理念下学前教育专业活动设计类课程教学研究

张晓伟◎著

吉林人民出版社

图书在版编目 (CIP) 数据

全实践理念下学前教育专业活动设计类课程教学研究 /
张晓伟著 . — 长春 : 吉林人民出版社 , 2021.7
ISBN 978-7-206-18294-5

Ⅰ . ①全… Ⅱ . ①张… Ⅲ . ①学前教育 – 活动课程 –
课程设计 – 教学研究 Ⅳ . ① G613

中国版本图书馆 CIP 数据核字 (2021) 第 141995 号

全实践理念下学前教育专业活动设计类课程教学研究

QUAN SHIJIAN LINIAN XIA XUEQIAN JIAOYU ZHUANYE HUODONG SHEJI LEI KECHENG JIAOXUE YANJIU

著　　者：张晓伟
责任编辑：赵梁爽　　　　　　　　　封面设计：海　燕
吉林人民出版社出版 发行 (长春市人民大街 7548 号)　邮政编码：130022
印　　刷：三河市华晨印务有限公司
开　　本：710mm × 1000mm　　　1/16
印　　张：11　　　　　　　　　　字　　数：200 千字
标准书号：ISBN 978-7-206-18294-5
版　　次：2021 年 7 月第 1 版　　　印　　次：2021 年 7 月第 1 次印刷
定　　价：59.00 元

如发现印装质量问题，影响阅读，请与印刷厂联系调换。

实践是人类认识世界的基础和途径，是认识发展的源泉，更是检验真理的标准。通过实践可以不断地扩大人的认识领域，发展人的认识能力与水平。学前教育是教育的基础，高校学前教育专业承担着培养幼儿园一线教师的重任。要求其既要形成一定的办学特色，又要适应幼教市场的人才需求。因此，提高学生的专业技能水平显得尤为重要。实践教学作为理论教学的有益补充，是促进学生提升专业实践能力的最佳途径。

而全实践是指将学前教育专业学生在校学习期间的所有实践环节作为一个整体来系统定位、统筹安排，彰显教育的实践特性。这种理念将学前教育专业的实践性课程扩展到素质教育课、专业基础课、专业主干课、选修课的技能操作、各学期的见习实习、短期的社会实践、寒暑假的社会实践、毕业前的综合实习以及毕业论文等所有教学环节中，重视实践中的反思和反思中的知识重组重构，可使理论与实践相结合、课内与课外相结合，在理论学习的同时，促进学生提高教育教学实践能力，逐渐成长为反思型和智慧型的现代幼儿教师。

活动设计类课程是学前教育专业的必修课程，它是指学前教育专业所开设的幼儿园五大领域课程，即学前儿童语言、科学、艺术、健康、社会教育活动设计与指导。其核心目标是使学生掌握幼儿园教育教学活动设计的基本理论及基本技能，重点培养学生作为幼儿园一线教师所应具备的基本教学能力。本书正是基于全实践的理念，针对学前教育专业活动设计类课程展开研究，第一章对全实践理念和学前教育专业做了阐述；第二章解读了有关学前教育专业的政策；第三章立足于常见的教学方法，分析了其在学前教育专业教育活动设计类课程中的实践应用；第四章论述了全实践理念下学前教育专业活动设计类课程体系构建；第五章基于 OBE 理念，论述了学前教育专业教育活动设计类课程的改革；第六章立足"互联网+"的背景下，分析了学前教育专业教育活动设计类课程的创新发展。

　　本书在撰写过程中得到了诸多教师的支持和帮助，但限于作者的学识和理解水平，书中难免存在纰漏之处，还望广大读者与教师能够提出宝贵意见。

张晓伟

2021 年 6 月

C目录
Contents

第一章　全实践理念与学前教育专业

第一节　全实践理念与学前教育概述

一、全实践理念

所谓"全实践"，就是将幼儿教师专业发展全程中所有实践环节作为一个整体来系统定位、统筹安排。实践整合课程中的实践环节主要包括学前教育专业中通识课、专业基础课、专业主干课、选修课的技能操作，各学期安排的见习实习，短期的社会实践，寒暑假社会实践，毕业前综合实习及毕业论文等所有培养幼儿教师操作技能和智慧技能的课程教学环节。所谓"全实践"就是实践要素诸方面在时间上要全程延通，在空间上要全方位拓展，在内容上要全面整合，在理念上要全息浸透，在课程体系上要全面统整。这种"全实践"的课程理念重视实践统整境遇下的实践洞察与顿悟；重视实践中的反思和反思中的知识重组重构；突显实践是学习主体内化、重构知识的前提、中介和归宿。这种"全实践"课程理念提出的深层背景是当代教育观特别是知识观、学习观的重大转变，是建立在当代新的学习理论基础上的，其中建构主义学习理论、情境学习理论和认知神经科学的神经建构理论是最重要的思想来源。"全实践"实质上是一种促进幼儿教师专业成长的课程设计、课程实施的思维方式和操作路向。这种思维方式和操作路向有以下特点。

（1）实践环节在时间上的延伸和贯通。一般来说，几乎所有的专业都将实践环节安排在学程中期和后期。"全实践"理念下的实践环节则是从新生入学的始业教育起就让学前专业学生接触幼儿园实际，每周一个单元，一直持续到毕业。这样的延伸虽然给实践基地带来了相当的压力，教学管理部门的课程安排也相当麻烦，但学生从入学之初就同幼儿园保持着鲜活的联系，实践这根神经始终跟其他所学课程贯通着。通过实践反思将课程中的公共理论转化成幼儿教师的个人理论，通过对实践的反思批判将幼儿教师的隐性知识显性化。

（2）实践方式在空间上的拓展。过去谈到实践基地就是指见习和毕业实习相对稳定的几个幼儿园。在实践整合课程中，学生每学期都在幼儿园获得不同的实践心理场，目的在于让学生感知不同类型的实践心理场，了解不同类型的幼儿。同时，学校的教室、实验室、琴房、练功房、机房、画室、体育馆、艺术馆等场所都是学生实践的场所。此外，短期、寒暑假的实践环节都要求学生接触家庭所在地的不同幼儿园和民间传统儿童文化，这些都是丰富学生实践心理场的重要方式。这需要实践共同体成员分别提供实际教学情境文本或案例，特别是要求成员提供视频教学案例，以便共同分享、研讨、反思，丰富各自的实践心理场。

（3）实践内容在实施中的整合与提升。我们在探索实践整合课程的早期，对一以贯之的见习、实习的具体目标缺少精细化的目标分解，没有层次性。同时，各门课程要安排一定的实践环节，于是各种实践环节课层出不穷，而且相互交叉重叠，学生疲于应付，效率低下。经过反思总结，应该分别为专、本科学生制定二年和四年的专业实践计划，这一实践计划需整合实践总目标与各科分目标，使总目标与分目标相协调，各学期目标具有层次性和递进性。

（4）实践理念在课程中的全息浸透。以前，学前专业的实践课（实习、见习）、技能课与文化课是相互脱节的，特别是学科课程多数不重视实践环节或没有针对性。基于此，应该就主干课制定实验实践教学大纲，对各门课的实验、实践环节做出明确规定并规范操作程序和学习目标，为专业课建立专门实验室，由此将实践理念渗透到各门课程中。实践理念在课程中的全息浸透还表现在职前与职后课程设计的前后关照和实践心理场的层级演进中。限于篇幅，在此不予展开论述。

（5）实践平台在课程体系中的统整效应。原有的学前教育课程体系中，实践课与学科课是并行独立的，且高等师范的学前教育实践课处于边缘位置。"全实践"理念下的实践整合将实践环节放置在中心地位。实践课与学科课的关系是，以实践课统整学科课，以学科课渗透实践课，实践课是学科课的统整平台，学科课是实践课的延伸与提升。它们是学前专业学生获得教育智慧、塑造良好品性不可或缺的可靠基石。

（6）实践教学的合目的性特征。按照亚里士多德的说法，智慧性实践是一种具有人的类性意义（人整体的生存意义）的合目的性的正当行为。我们这里的合目的性主要指，"全实践"理念下的实践教学是幼儿教师生命中的内在需求，是幼儿教师生命意义的展现方式，是幼儿教师体现生命价值的重要样式。这样的工具性趋向很难将"实践教学"中的操作纳入幼儿教师课堂、幼儿教师的行为、幼儿教师的生活等生命意义中。"全实践"理念贵在强调各实践环节在幼儿教师教学行为、幼儿教师生活中的意义，各实践环节的具体操作仅是幼儿教师教学生命显现的必要成分。

"全实践"理念下的实践整合课程仅是"反思性实践家"课程设计模式的一种样式，它的设计基点主要体现在以下三个方面。首先，反思性实践家的培养形成是一个过程，而不是一个结果，一个幼儿教师的职前、职中、职后都需要不断地"实践—反思—再实践—再反思",且这种践行与反思是一体的,它是"行中思、思中行"的统一,这种思行合一的成长状态是体现一个幼儿教师生命意义的本真状态。这种成长是一个"非等同圆"的生命再造过程,"再实践""再反思"是从"原实践""原反思"中走出来,又多次回归到"原实践""原反思",于是形成有破裂、有变形,重现而不重复,相似而不相等的"实践反思非等同之圆"的生命轨迹。其次,实践整合课程的教育价值核心是促进幼儿教师成为富有主体精神和个性特色行为能力的人。它强调的是,每一个幼儿教师的专业发展是其职业生命全程中有意识的自我发展的过程,这种有意识的自我发展过程需要在实践整合课程的情境下,通过幼儿教师的自我观察、自我评价、自我反省、自我调节来实现。这是幼儿教师主体精神和主体行为能力不断建构的过程,幼儿教师职业合目的性的生命意义蕴含其中。最后,实践整合课程在社会指向层面力图把准幼儿教师教育时代精神的脉搏。实践整合课程在课程指向上只提供了幼儿教师专业发展的多种可能性,它指引发展的方向而不框定发展的内容,它指向幼儿教师专业发展的主体精神和实践反思本性,而不限制主体创造的成分。

二、学前教育

(一)学前教育的概念

教育是人类社会特有的一种社会性活动,教育区别于其他社会活动的本质特征是,教育是培养人的社会活动,是以影响人的身心发展为目标的社会活动。广义的教育是指能增进人们知识、技能、身体健康,形成或改变人们思想意识的活动,这种活动包括家庭教育、社会教育和学校教育,范围很广。狭义的教育则专指学校教育,是指由专门机构和专职人员依据一定的社会要求和受教育者的特点,有目的、有计划、系统地对受教育者进行知识和技能传授、思想品德培养等活动的总和。

作为人类教育活动的重要组成部分,学前教育是一种社会现象,也是一种以特定年龄的儿童为对象的教育活动。广义的学前教育是指对从出生至入小学前的0～6岁儿童实施的,旨在促进其身心全面、健康和谐发展的各种活动与措施的总和。狭义的学前教育是指由正规的学前教育机构对从出生至入小学前的0～6岁儿童所实施的,有目的、有计划地促进其身心全面、健康和谐发展的各种活动与措施的总和。

在理解学前教育概念的时候,需要注意,对学前教育的儿童年龄阶段的划分不是完全绝对的。比如，19 世纪之前，西方传统上是把从出生到入学前作为一个阶段来对待，这个阶段的教育主要在家庭中进行；到了 19 世纪，随着学前公共教育的出现，趋向于把 3 岁至入学前的儿童划分为学前教育的对象；20世纪 50 年代以来，在世界范围内，学前教育的儿童年龄阶段又开始向低龄延伸。目前，从国际上看，对学前教育大致的年龄阶段已经达成共识，但是具体的年龄分期并不相同。例如，日本的学前教育是对出生 4 个月～6 岁儿童进行的，主要在保育园和幼儿园进行；英国的学前教育则招收不足 1 岁到 5 岁的儿童，英国的托儿所和幼儿园是合二为一的，通常以保育所或者儿童中心命名；俄罗斯的学前教育则主要招收出生 2 个月～6 岁的儿童，其中托儿所主要招收出生 2 个月～3 岁的儿童，幼儿园则对 3～6 岁的儿童进行教育；在美国，学前教育主要对出生至 6 岁的儿童进行教育，由于美国的学前教育机构类型较多，每个机构招收的儿童的年龄分期不太一样，其中儿童保育中心招收出生至 6 岁的儿童，幼儿学校招收 2～4 岁的儿童，学前教育中心招收 2.5～5 岁的儿童，幼儿园则招收 4～6 岁的儿童。

（二）学前教育的类型和特点

学前教育按照实施的形式，可以分为两种类型：学前家庭教育和学前公共教育。学前家庭教育是由父母或其他年长者在家庭中对从出生至入小学前的0～6 岁的子女或监护人实施的教育；学前公共教育则是指家庭以外的社会组织机构（包括国家、社区、单位、私人）指派专业人员对从出生至入小学前的0～6 岁儿童实施的教育。

1. 学前家庭教育

学前家庭教育是历史悠久的学前教育形式。家庭是人一生中最早接触且生活时间最长的社会场所，是儿童出生后第一个重要的学习环境。很多研究证明，儿童年龄越小，家庭教育对他们身心发展的影响越大。

和学前公共教育相比，学前家庭教育具有以下几个特点。

（1）学前家庭教育是儿童最早接触的教育。学前家庭教育早在人类社会产生之初就随之产生了，而学前公共教育则是在 18 世纪末 19 世纪初才出现的。儿童一出生就开始接受来自父母或年长者的影响和教育。

（2）学前家庭教育是在潜移默化中进行的。学前家庭教育对儿童的影响常常渗透在日常生活的点滴之中，父母或年长者的言行举止是儿童直接的模仿对象。

（3）学前家庭教育影响儿童的终身。家庭是所有社会组织和群体中最为普遍和持久的组成形式，是人生存过程中保持最为持久的生活环境，家庭教育将伴随儿童的终身发展。而学前家庭教育作为最初几年的教育，对儿童的影响是巨大的，这种影响也将伴随儿童终身。

（4）学前家庭教育是个别实施的。父母或年长者与子女或被监护人的交流与影响过程往往是一对一进行的，学前家庭教育以个别教育为主。

2.学前公共教育

学前公共教育主要包括托幼机构教育、社区学前教育两种形式。其中，托幼机构教育是学前公共教育的主要组成部分。

（1）托幼机构教育。托幼机构教育主要是指学前儿童在托儿所、幼儿园和学前班中所接受的教育。它是由托幼机构组织的，由专职幼教人员以促进儿童身心全面健康和谐发展为目的，同时根据社会的要求实施的教育活动和措施。

托儿所是招收3岁前婴幼儿的集体教养机构。幼儿园是对3~6岁学龄前儿童实施保育和教育的机构，是基础教育的有机组成部分，是学校教育的预备阶段。学前班是接收5~7岁，即入学前一年儿童的学前教育机构，是我国农村发展学前教育的重要形式。此外，由于每个地区的特点和自身的情况，还有巡回辅导站、游戏点、学前教育基地、儿童游戏场、大篷车等形式的托幼机构。

与学前家庭教育相比，托幼机构教育具有其自身的特点：①托幼机构教育是面向学前儿童全体实施的教育，具有群体性；②托幼机构教育是有关组织根据国家和社会的教育目的，有组织、有计划地进行的教育，具有计划性；③托幼机构教育对学前儿童进行的是专门化的教育，具有专业性。

托幼机构教育的这些特点使它在整个学前教育系统中有着重要的作用：一是辐射作用，即向各种形式的学前教育发挥指导作用、示范作用和带动作用；二是凝聚作用，即促进各种形式的学前教育相互沟通，形成教育合力。

（2）社区学前教育。"社"是指相互有联系、有某些共同特征的人群，"区"是指一定的地域范围。所以，社区可以说是相互有联系，有某些共同特征的人群共同居住的一定的区域。从发达国家的经验来看，第二次世界大战之后，社区教育成为一种重要的教育形式，并逐步发展成为与学校教育、家庭教育互惠互利的一种教育形态。

社区学前教育是指社区内为0~6岁儿童设置的教育设施和教育活动，是多层次、多内容、多种类的学前公共教育。社区学前教育可以根据当地人口分布、经济状况、教育条件，适宜地为学前儿童提供学前教育机会，使更多学前儿童接受教育；社区学前教育可以向家庭普及优生优育知识，并提供相应指导，提高全社区居民的学前教育水平；社区学前教育可以给儿童提供博物馆、图书馆等教育设施，并组织家庭参与其中，提高全体社区成员的文化素质。

社区学前教育的特点如下。

①具有区域性。社区学前教育是在一定地域范围内进行的，具有明显的地域性特征。

②具有灵活性。社区学前教育强调适应社区需要，服务社区，具有极大的灵活性。

③具有融合性。社区学前教育将学前教育与社会有机地融合在一起，使其相互联系、相互作用、相互促进，形成学前教育社会化、社会生活教育化的整体格局，提倡学前儿童"在社区中学、与社区共学、为社区而学"。

④具有全面性。社区学前教育是一种发展和增长社区成员新知识与新能力，提高社区成员生活质量的教育，是全员、全程、全方位的全面性教育。

第二节　学前教育学的发展历程

学前教育作为一种社会现象和社会活动，其历史可以说与人类社会历史一样久远。但对学前儿童的教育进行研究，并发展成为独立学科却经历了一个漫长的发展过程。学前教育学是在社会对学前教育的需要日益增长的情况下，随着相关学科的发展而产生和建立起来的，是人类社会和学前教育实践发展到一定历史阶段的产物。直到 19 世纪中叶，学前教育学才开始成为一门独立的学科。

一、16 世纪以前——孕育阶段

在这一时期，社会上正确的儿童观还没有完全形成，儿童还没有独立出来，学前公共教育尚未产生。但是随着生产力的缓慢发展和哲学学科的发展，开始有学者对学前教育进行初步的论述，产生了学前教育思想的萌芽，但是这些论述有些仅仅是研究者的设想，学前公共教育的实践还没有开始。

（一）代表人物及其主要思想

在古代，西方一些哲学家和教育家很早就提出了学前教育的看法和主张。柏拉图（公元前 427—前 347）是古希腊著名的哲学家、教育家。在《理想国》中，他提出了关于学前教育的思想。柏拉图很重视学前教育，是西方历史上最早提出优生优育和公共学前教育思想的教育家，他主张婚配和育儿都要由国家负责，被认定优良的孩子要送到国家的育婴所，由优秀的女仆照管，用摇篮曲和儿歌对婴儿施加教育影响，母亲可以去喂奶，但是不会知道哪一个是她的孩子。儿童满 3 岁后要集中到附设于神庙的儿童游戏场，由国家指定专人负责照管、抚养，学前教育的重要内容是唱歌、做游戏和讲故事。

亚里士多德（公元前 382—前 322）是柏拉图的学生，被称为百科全书式的学者。《政治学》《伦理学》《逻辑学》是亚里士多德的重要著作，从中可以发现他丰富的学前教育思想。亚里士多德首次提出并论证了教育要与人的自然发展相适应的原则。他认为从出生到 7 岁是学龄前教育时期，主要的任务是保育。亚里士多德主张实行优生，注重孕妇保健。他提出要特别注意儿童的营养，儿童应该从小多运动，并习于寒冷，5 岁前不应要求儿童学习课业，以免妨碍发育，主要活动应该是游戏和听故事。他认为环境对儿童来说非常重要，任何卑鄙的见闻都可能导致不良的习惯。

昆体良（公元 35—95）是古罗马最有成就的教育家。他的学前教育思想主要体现在他的《雄辩术原理》一书中。昆体良提出人的教育应从摇篮开始，婴儿期注意发展语言，强调周围环境对儿童最初概念形成的重要影响。他认为儿童是从教育者那里获得关于世界的知识和道德观念，主张为儿童挑选好的乳母和教育者，同时要注意为儿童选择良好的同伴，因为同伴中的粗鄙语言和丑恶行为同样会损及儿童的心灵。他肯定儿童发展的可能性，指出儿童一般都生而具有智力活动与理解能力，愚钝和低能只是一种反常现象，是稀有的。他主张教儿童认识字母、书写和阅读，并在历史上第一次提出了双语教学的问题。他认为教师必须以父母般的态度对待儿童，并彻底了解儿童能力的差异和倾向。昆体良坚决反对体罚，认为这是对儿童的凌辱。他认为，用体罚的方法来驱使儿童学习，不但不能调动儿童学习的积极性和自觉性，相反会使儿童产生厌学的情绪。

（二）主要特点

由于缺乏丰富的文字记载，对这一时期学前教育的研究主要通过考古学者发掘的文物资料及人种学者对现存的、具有原始性的民族的教育活动进行的观察与描述来推断，少数古代典籍的追记也可提供若干材料。这时候的学前教育为历史条件所制约，在文化学习上有其局限性。

在学前教育学的孕育阶段，许多教育家、思想家有关学前教育的思想、主张汇集在他们的政治、哲学、伦理学等著作中，论述是零散的，缺乏系统性和完整性，是处于经验水平上的。这时的学前教育思想还没有形成较为完善的理论体系，但是已经为学前教育学的萌芽奠定了基础。

二、16世纪至18世纪初期——萌芽阶段

欧洲从14世纪到16世纪出现了文艺复兴运动，资产阶级向中世纪教会的宗教神权宣战，要求个性解放。经过文艺复兴的思想解放运动之后，教育学逐渐从哲学中分化出来，开始成为独立的学科，出现了许多著名的教育家，出版了许多有名的教育著作。许多教育家在教育论著中提出了学前教育思想，主张为儿童身体和智力的发展提供有利的条件。

（一）代表人物及其思想

捷克教育家夸美纽斯（1592—1670）是教育史上里程碑式的人物，堪称封建社会的最后一位教育家，同时是资产阶级新时期最初的一位教育家。夸美纽斯的学前教育思想主要体现在《母育学校》和《世界图解》两本著作中。夸美纽斯设计的学校系统分为四个阶段：第一阶段为母育学校（0～6岁）；第二阶段为小学（6～12岁）；第三阶段为拉丁学校（12～18岁）；第四阶段为大学（18～24岁）。在第一阶段，夸美纽斯专门编写了一本学前儿童教育手册《母育学校》，这是历史上第一部论述学前教育的专著。在《母育学校》中，夸美纽斯提出家庭是一所学校，母亲是主要的教师。母育学校是为儿童以后要学的一切奠定基础。他还提出了儿童应该学习的各种科目，尤其重视儿童的游戏，教育内容应由简到繁，从感觉（看、听、尝、触）训练到宗教信仰的培养，形成梯度，循序渐进，教育方法应简单灵活，易于操作。他的《世界图解》是为儿童编的教科书，是西方教育史上第一本附有插图的儿童百科全书，里面的内容包罗万象。

卢梭（1712—1778）是18世纪法国启蒙思想家、教育家。卢梭的教育思想主要体现在《爱弥儿》一书中。卢梭对儿童教育的首要贡献是"发现了儿童"，他指出儿童不是小大人，儿童有自己独特的生活。儿童期的存在是自然的规律，有其独立存在的价值，而不是为了成年做准备。卢梭的第二个贡献就是提出教育要使儿童归于自然，符合儿童的自然本性。他的自然主义教育主张尊重儿童的自由，反对教育对儿童的束缚。他按人的身心发展将教育划为四个时期，不同时期教育的侧重点不同：婴儿期（0～5岁），身体柔嫩，以身体养护为教育重点；儿童期（5～12岁），感觉发达，以身体锻炼和感官训练为主；少年期（12～15岁），注重知识的教育；青年期（15～20岁），注重道

德、宗教以及情感的教育。

瑞士教育家裴斯泰洛齐（1746—1827）是18世纪末19世纪初著名的资产阶级民主教育家，著有《林哈德与葛笃德》《葛笃德怎样教育她的子女》等书。他认为，儿童不是自然地、自发地发展，教育的目的就在于有组织地帮助和激发儿童的天赋能力，使各种内在的能力得到和谐的发展。他提出了著名的要素教育理论，主张教育应该从最简单的要素开始。他把传授知识和发展智力看作教育要完成的两个相互联系的任务。他深入研究教学方法，特别提倡直观教学法。他还提倡学习和手工劳动相结合，要求学校努力做到知和行的统一。他努力把教育心理化，对儿童心理学的研究起到了推动作用。他提出爱的教育，强调要激发儿童的良心，培养儿童善良的情感。裴斯泰洛齐还强调了劳动教育的重要性，认为儿童应该学习生活必需的劳动技能。

（二）主要特点

在学前教育学的萌芽阶段，许多教育家开始专门针对学前教育的问题进行论述，学前教育学开始模糊地形成自己独立的研究对象，教育家开始努力挖掘学前教育现象背后的规律。和孕育阶段相比，这一时期的学前教育思想已经开始形成自身的体系和逻辑结构，对学前公共教育的重视程度超过对学前家庭教育的重视。这时候的学前教育学虽尚未从教育学中分化出来，但是学前教育的思想已经大大丰富起来，日渐系统、完整，且更具现实性。

三、18世纪后期至20世纪前半期——初创阶段

随着资本主义大机器工业生产的发展，从18世纪后期到20世纪前期，有不少人顺应工业时代需要，积极创办学前公共教育机构。而随着专门的学前公共教育机构的出现和新教育运动的影响，学前公共教育的实践极大地促进了学前教育理论的发展，并使学前教育理论与学前公共教育实践更紧密地联系起来，一些具有较完整体系的学前教育著作相继问世。学前教育学从普通教育学中分化出来，开始形成一门独立的学科并初步发展起来。

（一）代表人物及其思想

学前教育学的创立是从德国教育家福禄贝尔（1782—1852）开始的。1837年，福禄贝尔在卡伊尔霍附近的一座名为勃兰根堡的小城开办了一所幼儿教育机构，专收3～7岁的儿童。1840年，他将此机构命名为"儿童花园"（Kindergarten）。从此以后，"Kindergarten"便成为表示幼儿园的专用词汇而传遍全球，而福禄贝尔被尊称为"幼儿园之父"。福禄贝尔重要的教育著作有

《人的教育》《慈母曲及唱歌游戏集》《幼儿园教学》等。福禄贝尔非常重视学前教育在人的发展中的作用，认为幼儿期是人生的重要发展阶段。幼儿园教育应该促进儿童身体和精神的健康成长，培养训练有素的教师，向社会推广好的幼儿教育的经验。学前教育要遵循儿童身心发展的阶段特点，实现儿童的天然禀赋。他认为，教育是以儿童的自我活动为基础的，儿童是通过自我活动实现内部发展的，教师要为儿童提供活动的条件，不要进行干预，必要时才要儿童服从一定的活动要求。他尤其重视游戏在儿童发展中的重要作用，认为"儿童早期的各种游戏，是一切未来生活的胚芽"，并且专门设计了一套游戏与作业材料——"恩物"，供幼儿游戏时使用。

英国空想社会主义者欧文（1771—1858）十分重视幼儿教育。为了使每一个孩子，特别是劳动人民出身的孩子从出生起就受到最好的教育，欧文主张应当立即为劳动阶级安排一种国家教育制度，通过一项"联合王国全体贫民与劳动阶级教育法案"。欧文还详细地列举了教育法案的具体条款，如教育部门的领导人选、教师的培养、经费开支、教学内容、教学计划、教学方法等内容和家庭教育与社会教育等，并论证和阐述了立法的理由。为了使幼儿得到完善的教育，欧文设计出了一种学前教育机关，即专门招收不满 6 岁的儿童学习的"幼儿学校"。这种学校包括托儿所、幼儿园和游戏场等学前教育机构，为幼儿的成长发育创造良好的环境和条件。欧文提出儿童应受到全面教育，在智、德、体、美、行方面都得到发展，以便能从事全面的实践活动。他大力提倡在幼儿教育中实行直接经验法，通过直接视听、乡间散步、观察自然、唱歌跳舞和直观教学课等方法帮助儿童学习。

赫尔巴特（1776—1841）是 19 世纪德国哲学家、心理学家。在西方教育史上，他被誉为"科学教育学的奠基人"，而反映其教育思想的代表作《普通教育学》则被公认为是第一部具有科学体系的教育学著作。赫尔巴特认为，教育的起点是人的个性，其本质与直接目标是以各种观念丰富儿童心灵，因此原则上人具有可塑性。他谨慎地论证了儿童的可塑性是教育的基础，为教师找到了工作蓝本，认为教师可通过组织观念来构筑儿童心灵。赫尔巴特对心理过程的重视及其理论构成了教育与心理学联姻的媒介，明确提出教育学应以心理学为理论基础。他认为"由于早期年龄阶段儿童具有巨大的敏感性和易兴奋性"，3 岁前儿童的智育是十分重要的，要注意发展儿童的感官。他认为"在儿童很早的年龄阶段就必须加强管理"，必须让儿童学会必要的服从，从小培养儿童的合群精神。

杜威（1859—1952）是美国实用主义教育家，也是 20 世纪影响最大的教育家。他的主要著作有《民主主义与教育》《学校与社会》《儿童与课程》等。在杜威看来，"学校的重心在儿童之外，在教师、教科书以及你所高兴的任何地方，唯独不在儿童自己即时的本能和活动之中"，去除这种弊病的出路是使教育实现重心的转移，使教育的一切措施围绕着儿童转动，以儿童为中心。杜威认为人们在社会中参加真实的生活，才是身心成长和改造经验的正当途径。所以，教师要把教授知识的课堂变成儿童活动的乐园，引导儿童积极自愿地投入活动，从活动中不知不觉地养成品德和获得知识，实现生活、生长和经验的改造。在教材的选择上，杜威建议学校科目相互联系的真正中心不是科学，而是儿童本身的社会活动。在教学方法上，杜威主张"从做中学"，他认为儿童不从活动而从听课和读书中获得的知识是虚渺的。杜威认为德育在教育中占有重要地位，极力强调道德才是推动社会前进的力量。

玛利亚·蒙台梭利（1870—1952）是教育史上一位杰出的幼儿教育思想家和改革家，也是意大利历史上第一位学医的女性和第一位女医学博士，著有《蒙台梭利教育法》《童年的秘密》《有吸收力的心理》等书。她认为儿童的心理发展既不是单纯的内部成熟，也不是环境、教育的直接产物，而是机体和环境交互作用的结果。蒙台梭利主张创造良好的环境，采取正确的教育措施，及早进行教育，丰富儿童的经验，可以消除和防止智力落后的现象。她否定奖励、惩罚等强化的作用，强调儿童的内在力量、主观能动性，要求环境要适合儿童的内在需要和兴趣，认为儿童不是消极被动地接受外界刺激，他们每个人都有自己的内部结构、变化和发展。她认为在童年时期，儿童的各种心理机能也存在不同的发展敏感期，忽视了敏感期的训练，就会造成难以弥补的损失。不同的个体有不同的发展节律，教育要与儿童发展的敏感期吻合，就必须用不同的教育来适应不同的成熟节律，因此她十分强调个别教学，让儿童按自己的需要自由活动，使个性得到充分发展。蒙台梭利认为感官教育符合幼儿心理发展的需要，是重要的，通过感官教育，可以在早期发现某儿童在感觉机能的某方面所存在的欠缺，以便及时治疗和纠正。

我国在改革旧教育制度、提倡西学、建设学校的同时，一些学者相继提出了实施学前公共教育的思想，一些教育家和教育工作者致力研究和创立适合我国国情的学前教育理论。

维新运动的领导人康有为（1858—1927）在《大同书》中提出应由政府来设立公共教育机构：0～3岁婴儿在慈幼院养育；3～6岁的儿童进育婴院；6～10岁的儿童进入小学院；中学院则招收小学院毕业后的11～15岁的学龄儿童；进入大学院学习的则是15～20岁的青年人。可以说，由人本院、慈幼院和育婴院组成的教育机构，是康有为对学前教育公共机构的设想，是其教育体系建构中最具浪漫气息的组成部分。他的理想虽然在当时的社会是不可能实现的空想，但是他反映了新兴资产阶级的要求，对我国近代儿童学前公共教育的发展以及学前教育机构的产生都起到了促进作用。

蔡元培（1868—1940）是我国著名的民主革命主义者和杰出的教育家。蔡元培崇尚自然主义教育，强调教育者应该让儿童个性得到自然、自由的发展。他同样也提出了建立学前公共教育的主张，主张设立的学前教育机构由胎教院、乳儿院（后又称育婴院）和蒙养院（后改称幼稚园）三部分组成。胎教院是给孕妇住的；婴儿出生后和母亲一起进入乳儿院；1岁断奶后便可进入蒙养院接受教育。

人民教育家陶行知（1891—1946）在学前教育方面提出了很多进步的主张。他重视早期教育，认为小学教育是建国之根本，幼稚教育尤为根本之根本，应当普及。他主张在工农中普及学前教育，并创办了我国第一所乡村幼稚园和劳工幼稚园，提出了一整套为劳苦大众子女服务的学前教育理论。他倡导建设中国的、省钱的、平民的幼稚园，并论述了工厂和农村是幼稚园之新大陆。幼稚园的办学也应该以工农需要为宗旨，扩大招生范围，放假时间要考虑女工农妇的需要。陶行知认为，幼儿教育应该包括健康、道德、科学、艺术和劳动等方面的教育，并对这些内容的重要性和如何培养做了许多论述。无论是在课程内容来源还是在组织上，陶行知都强调了生活教育的思想，他认为应将教育内容渗透于幼儿一日生活的各项活动中。他反对束缚儿童个性的传统教学，提出"六大解放"。陶行知针对幼稚师范培养师资的局限性，提出用"艺友制"的方法来培养幼稚教育师资，以实现普及学前教育。

教育家陈鹤琴（1892—1982）毕生从事儿童心理、幼儿教育、家庭教育、师范教育的教学和研究工作。他认为，幼儿教育是人的一生教育的基础，儿童期具有很强的可塑性。他尤其强调了要为广大劳动人民办教育，把劳动妇女从养育子女的负担中解放出来，还要使那些盲、聋、哑等残疾儿童和贫童、难童获得社会的养护。陈鹤琴运用观察记录的方法，全面系统地研究了儿童的心理特点，提出了儿童的发展阶段及相应的教育重点。在幼儿园课程内容方面，陈鹤琴提出过九项内容和五指活动。陈鹤琴还提出了编制课程的三种方法：圆周法、直进法和混合法。陈鹤琴不主张幼儿园分科教学，认为这是违反儿童的生活和心理的，他提倡"整个教学法"，就是把儿童所应该学的东西整个地、系统地去教儿童学，还主张最好由一位教师去教，以体现整体性。他主张要在做中教、做中学、做中求进步，并提出了"活教育"的17条教学原则。陈鹤琴非常重视游戏在教学中的作用，认为儿童以游戏为生活，因此应在游戏和活动中学习。他还根据幼儿年龄和个性的不同提出了小团体教学法，以适应不同儿童的发展需要。除了关注幼儿园教育，陈鹤琴对家庭教育也有专门的论述。

（二）主要特点

在学前教育学的初创阶段，由于心理学，尤其是实验心理学及相关的自然科学的迅速发展，使研究对象的重心从成人转移到儿童。此外，这一时期欧美各国都已普遍实施初等义务教育，学前教育也朝社会化的方向迅速发展。大批儿童的入学要求教育工作者认真考虑如何根据儿童的特性，更有效地实施教育或做好入学前的准备。

学前教育学开始成为一门独立的学科，学者开始专门针对学前教育各阶段的教育问题进行研究，描述学前教育的现象并揭示现象背后的规律，学前教育理论已经形成较为完善的体系。但是，由于认识水平的局限性，学前教育还缺乏科学的方法为指导，大部分理论研究停留在经验的描述和简单的逻辑推理上，抽象和概括的水平不高。

四、20 世纪中叶以后——发展阶段

20 世纪中叶以来，哲学、人类学、生态学、教育学、心理学、脑科学等学科的发展，不断丰富着学前教育学的研究视角和研究内容，提高了学前教育学的理论化和科学化水平。学前教育的研究领域异常活跃，斯金纳的行为主义心理学、马斯洛的人本主义教育思想、布朗芬布伦纳的人类发展生态学理论等为学前教育学在思想体系的科学性和理论水平上的提升提供了充足的养料。同时，学前教育学在心理科学发展和教育实验研究的基础上得以进一步深化，进入发展阶段。

（一）代表人物及其思想

瑞士心理学家皮亚杰（1896—1980），其认知发展学说是 20 世纪对儿童教育影响最大的理论。皮亚杰将儿童思维的发展划分为四个阶段：感知运动阶段（0～2 岁），处于这一时期的儿童主要是靠感觉和动作来认识周围世界的；前运算阶段（2～7 岁），儿童在 2 岁时，活动不再以主体的身体为中心了，但儿童还不能形成正确的概念，他们的判断受直觉思维支配；具体运算阶段（7～12 岁），儿童的思维已具有可逆性和守恒性，但这种思维运演还离不开具体事物的支持；形式运算阶段（12 岁至成人），儿童能对抽象和表征性的材料进行逻辑运演。皮亚杰认为儿童认知发展的三个基本过程是同化、顺应和平

衡，通过同化和顺应，儿童能够形成自己的"图式"。影响儿童认知发展的主要因素是成熟、物理环境、社会环境以及具有自我调节作用的平衡过程。皮亚杰还通过考察与研究儿童对规则的理解和使用，对过失和说谎的认识，对公正的认识，把儿童道德认知发展划分为三个有序的阶段：前道德阶段（出生～3岁）、他律道德阶段或道德实在论阶段（3～7岁）以及自律或合作道德阶段（7～12岁）。

维果斯基（1896—1934）是苏联建国时期卓越的心理学家，首次将历史主义原则引进心理学，在此基础上创立了"文化—历史发展理论"。维果斯基认为教学必须符合儿童的年龄特征，必须与儿童的发展水平相一致，以儿童一定的成就作为基础。他在1931—1932年将总的发生学规律应用于儿童的学习与发展问题时提出"最近发展区"概念，将"最近发展区"定义为"实际的发展水平与潜在的发展水平之间的差距"。前者由儿童独立解决问题的能力而定，后者则是指在成人的指导下或是与能力较强的同伴合作时，儿童能够解决问题的能力。维果斯基强调架构的作用，认为儿童应该从与一位比自己知识更渊博的人的互动过程中建构其所处的社会重视的智能，成人在与儿童互动的过程中，会将其所处社会重视的智能传递给儿童。在教学过程中，架构有六个步骤，分别是引入、示范、简化作业、维持参与、给予回馈及控制挫折感。维果斯基认为在学前阶段，游戏是儿童发展的最重要源泉。他指出，在游戏中，一个孩子的行为总是超越于他的实际年龄、他的日常行为；在游戏中，他比他本身的实际水平要高出一点；在游戏中，儿童的言语、符号活动作为中介，可以促进儿童认知水平的提高。

20世纪80年代，美国著名的发展心理学家、哈佛大学教授加德纳提出了一个全新的理论——多元智能理论。加德纳至今已提出了九种智能：言语—语言智能、逻辑—数理智能、音乐—节奏智能、视觉—空间智能、身体—运动智能、人际交往智能、自我反省智能、自然观察者智能和存在智能。他认为以上九种智能是相对独立的，各自有着不同的发展规律并使用不同的符号系统，各种相对独立的智能以不同的方式和程度有机地结合在一起，使每个人的智能结构各具特点，同一种智能在每个个体身上的表现形式也是不一样的，每一种智能在人类认识世界和改造世界的过程中都发挥着独特的作用，且具有同等的重要性。每个人与生俱来就在某种程度上拥有八种以上智能的潜能，而环境和教育对这些智能的开发和培育有重要作用。

中华人民共和国成立后，我国学前教育主要学习借鉴苏联社会主义学前教育的思想、策略，颁布了《幼儿园暂行规程》，明确了幼儿园的双重任务和教养并重方针，强调学前教育的目的性、计划性和各科教学的思想性、系统性及科学性，逐步形成了受苏联社会主义学前教育理论影响的、反映中华人民共和国成立初期我国社会主义建设现实的社会主义学前教育理论体系。

自改革开放以来，我国在学前教育理论体系的构架上逐步从我国学前教育理论研究现实和学前教育实践的基本特征出发，注重吸收和借鉴西方学前教育的理论研究成果，以及与学前教育相关领域的理论研究成果，开始建构具有中国特色的学前教育学。例如，对幼儿园综合教育进行了理论研究与实践，同时在"素质教育"思潮的影响下，进行了幼儿园素质教育课程的实践探索，形成了新型的儿童观、儿童教育观、学前课程观和学前教师观等。随着对本土学前教育研究的重视，我国学前教育学的发展进入了一个新的阶段。

（二）主要特点

经过数百年的发展，学前教育已经成为世界范围内的热点问题，众多教育家、心理学家、社会学家开始致力学前教育的研究与宣传，使学前教育学获得了繁荣和进一步的发展。科学技术的发展和相邻学科的发展都为学前教育提供了科学基础。学前教育学在重新审视传统学前教育理论的基础上，继承并发扬了优秀的学前教育思想。在相互交流与切磋的过程中，学前教育学不断吸收儿童发展以及课程的相关理论，构建了具有时代特色的学前教育理论。随着学前教育实践的发展，学前教育学开始不断地分化和互相渗透，对学前教育的研究不断趋向于综合，使其发展进入了一个学派纷呈、蓬勃发展的时期。

第三节　学前教育专业概览

一、学前教育专业的定义

学前教育专业是应时代的发展与需要而设立的，该专业旨在研究儿童发展规律、学前教育规律的基础上，促进儿童的全面发展，培养优秀的幼儿教师和其他从事儿童工作的人员。该专业注重理论性与实践性相结合、教学与研究相结合。[①] 不同层次高校的学前教育专业具有不同的培养目标。本科层次学前教育专业旨在培养德、智、体、美等方面全面发展、具有创新精神和实践能力的

---

① 高金岭，马佳宏.公共事业管理、应用心理学、教育技术学、学前教育专业学习指导[M].桂林：广西师范大学出版社，2007：280.

从事学前教育工作的高级专门人才，包括为幼儿园培养高素质的教师、早期教育研究人员和管理工作者，并为研究生教育输送优质生源。高职层次学前教育专业则是培养掌握学前教育的基本理论、基本知识和基本技能，能在学前教育机构从事教育、保育和研究工作的教师或管理人员。

二、学前教育专业发展的理念

（一）创新学前教育专业教学模式

学前教育专业人才培养计划的关键，在于根据专业人才培养目标构建课程模块和体系。围绕学前教育专业技术应用能力的形成，构建学前教育应用技术、技能训练与学前教育技术理论的教学体系，并建立以培养技术应用型能力为主线的教学运行机制；以转变教育观念为前提，根据市场行业需求及学前教育发展快速的特点，构建培养学前教育"技术岗位型"的新教学模式及运行机制。强调教育的针对性、应用性、实用性等特点，强化实践环节，建立以学前教育技能训练为主的理论教学与实践有机结合的教学体系。

1.理论和实践并重的课程模式

课程模式是实现人才培养目标的重要环节，包括课程内容体系和课程结构体系。课程内容的更新整合与新课程的开发，需要紧密结合社会经济技术的发展，必须对应不同教育对象的教学目标进行。课程结构就是课程的组织与流程，反映教学的框架与进程。改变传统学科型的课程模式，根据培养目标与基本要求设置课程，并根据学前教育实践性强的特点，构建了以职业能力为核心的模块式学前教育课程体系。设计和实施"学前教育"综合课程模块体系，目的是全面推进素质教育，形成学科加模块，具有中国特色的"多元整合型"教育模式。

"多元整合"策略思想应包括以下几点：课程观的多元整合——多元互补、博采众长，建立以综合技术能力为导向的现代课程观；课程内容的多元整合——"知识""技能""态度"三要素中各个成分的多重、多种综合，选择有价值的现代课程内容；课程结构的多元整合——架构模块化、综合化、阶段化、柔性化、个性化相结合的课程结构。

"学前教育应用"课程模块的最终目的是要实现高等教育的培养目标。因此，"学前教育应用"综合课程模块的设计和实施要全面贯彻教育部的有关方针和政策，树立以素质教育为基础、以能力为本位的新观念，切实突出高等职业教育的特色。

2.以培养学生职业能力和综合素质为宗旨的教学设计

从近几年的教学改革实践来看，学前教育专业的教学设计，体现了以培养学生职业能力和综合素质为宗旨的教育观念，显示出实践教学过程与职业活动的内在联系，使学前教育专业教育更加贴近职业岗位的实践活动。我们深入社会企事业单位、学校、幼儿园等，对教师、幼教工作人员等职业岗位或职业岗位群进行了周密的职业调查和分析。在职业分析方法上，通过采用横向集群的分析方法，实现了从对单一职业、单一专业的分析转向对整个职业群的分析，拓宽了专业面，适应了社会发展对复合型人才在知识、能力、素质等方面的要求，适应了学生将来在同一行业变换不同的职业岗位的需要，为最终形成拓宽专业基础加专业化培养方向的课程结构创造了条件。

（二）突出素质教育，培养学生有特长

1.实施"五个一"素质教育工程，强调学生综合素质培养

"五个一"，即"一口好外语、一手好字及绘画、一篇好文章、一堂好课和一副强壮的体魄"，着力提高学生的综合素质，并通过课堂教学、专家讲座、校园网、校园广播、图片板报以及学生喜闻乐见的文体活动、演讲辩论、社团组织、社会实践等形式付诸实施。

2.外语专业化

将外语掌握的程度高低作为检测学生基本素质的一个标准。实施"专业外语"策略，让学生掌握一门外语知识，同时让学生了解所学语言代表的文化底蕴，为幼儿"双语"教学打下基础。

3.强化学生技能培养，使每个学生都有一技之长

一是"引路子"，提出"一技在手，就业不愁"，将学生的学习效果与成才就业结合起来，增强学生学习的方向性、主动性；二是"考本子"，着力培养一专多能型人才，缩短学校与社会的距离，实行多证书制度；三是"搭台子"，千方百计为学生搭建各种舞台，为学生的特长发展和素质锻炼提供机会。

4.提高就业竞争力，构建职业能力评价体系

（1）评价目标。职业能力评价目标指向于个体知识、能力建构的学习结果，这些所要求的学习结果能够反映学生的能力水平。学生毕业由学校颁发记录学生能力水平的能力证书，为就业单位提供能力证明，提高学生的就业竞争力。

（2）评价方法。根据目标多元、方式多样、注重过程的评价原则，综合运用观察、测验、课题教学、作品展示、论文答辩、自评与互评等多种评价方

式。只是对学生已具备的能力进行描述、创新能力的评价。我们把学生的技能特长、创新创业活动等作为评价的内容，注重培养学生的创新能力。

三、学前教育专业学生的能力要素

（一）学习能力

学习能力是学前教育专业学生职业核心能力构成的关键。无论是学生在校教育阶段顺利地完成学业，还是工作后进一步接受教育，学习能力对学生的进一步发展都发挥着至关重要的作用。一般来说，学生学习能力的养成意味着学习者拥有系统观察、分析与质疑的能力，以及对新知识和新技能保有好奇心并热衷于学习的良好习惯。学前教育专业学生毕业后走上工作岗位，工作上接触最多的是拥有好奇心、活泼好动的幼儿，因此不断学习是幼儿教师增值自身的有力保障，也是幼儿教师工作得以顺利开展的前提条件。学前教育专业学生学习能力主要包括以下两方面。

首先，学生要学会自我学习，形成批判反思的习惯。在学校学习的几年，如何合理分配时间，对学前教育专业有更深入和系统的了解，尽可能地汲取知识、获得技能，关键要看学生自我学习能力。除了学校规定的语文、英语、计算机、政治等基础课程，学前教育原理、学前教育史等专业课程，手风琴、绘画、手工等艺术技能，为了对将来的工作对象有更深入的了解，学生应该选择性地学习一些学校没有纳入专业设置但与将来工作息息相关的课程，如基础医学知识、管理学等，甚至为了应对突发事件，更好地照顾幼儿，对传染病、常见病、外伤简易处理知识也应该稍有涉猎。学习能力在学生获取知识方面表现在，知道如何学习，用相对少的时间积累相对多的知识，并能熟练使用学习技巧和策略获取新知识。在积累知识的同时，要拥有批判精神，对教师所教要学会思考，进行反思，从而不断扩充自身知识库。

其次，理论与实际相结合的能力。作为一名幼儿教育教师，纸上谈兵是不足以应对实际工作的，还必须具备实际的动手能力。为幼儿创设健康、优美的生活环境，这就涉及如何布置班级；而让幼儿在快乐地玩耍的同时也能学习，要看如何组织班级活动等。幼儿教师必须学会把所学知识应用到实际的工作中，须知"纸上得来终觉浅，绝知此事要躬行"。因此，学习能力不仅表现在知识的获得上，还包括技能的习得与应用。

（二）方法能力

方法能力主要是指学生通过已掌握的手段、方式、方法等，解决生活与工作中所遇到问题的能力。方法能力是作为一种辅助性能力而存在的，主要包括三方面：外语应用能力、信息处理能力以及数字应用能力。

1. 外语应用能力

一般指学生能够熟练掌握英语的听说读写，并会用英语阅读外文文献，进行相关分析，对国外学前教育的相关成果进行学习、吸收与应用的能力。作为幼儿教师，还要能用英语进行流利的"双语"教学，间隔性地用英语组织日常的教学活动、生活活动以及游戏活动。也就是说，除了自身掌握外语的应用能力，还必须把外语应用到教学工作中。

2. 信息处理能力

广义上，它指运用计算机信息处理技术对信息进行获取、加工、处理、应用、传递等的能力。信息处理能力不单是计算机操作能力，更多的是信息收集、分析、处理、呈现与交流的能力。对学前教育专业学生来说，信息处理能力包括四个方面：一是获取信息的能力，对信息进行定义，确定搜索范围，并运用询问法、阅读法以及电子手段等进行搜索；二是整理信息能力，即对搜索到的信息内容进行选择、收集、辨析，同时整理并保存；三是传递信息能力，对整理的信息通过书面或口语的方式进行传递，或者通过计算机或其他电子手段对信息进行传输；四是展示信息的能力，即用图文图表等对信息进行展示，或者用演说传递信息，用多媒体和计算机等辅助展示信息等。学前教育专业学生在教学过程中，还要对所获得的信息进行去伪存真，并结合实际情况对所收集的信息进行有选择性的展示，以期达到教学目的。

3. 数字应用能力

其是指根据实际工作和生活需要，运用数字应用的知识和技能获取数据，读懂数据，并将数据进行归纳整理的能力。具体包括从不同信息源获取相关数据信息，读懂图表上的数据，对数据进行分类汇总，编制统计图、统计表、坐标图、示意图、流程图，选取适当的方法展示信息和计算出来的结果等。数字应用能力是工作和生活中最基本、最实用的能力。

（三）社会能力

社会能力是一个人在社会的人际交往过程中所需要用到的各种能力，可以借以构建个人社会关系，增强社会责任感，从而更好地为以后的生活和工作服务。社会能力主要包括沟通交流能力和与人合作能力。

1. 沟通交流能力

沟通交流能力是指个体在事实、情感、价值取向和意见、观点等方面采用有效且适当的方法与对方进行沟通和交流的能力。作为学前教育专业学生，将来工作的对象是幼儿，沟通交流能力尤为重要。概括来说，可以从四方面进行界定：交流的对象、交流的目的、交流的方式、交流的手段。在工作对象上接触最多的是幼儿园的学生，因此在方式和手段上必须有所侧重。幼儿的语言能力还没成熟，交流方式也就不局限于口头述说，还可以通过肢体语言、表情等促使幼儿获取教师传递的信息，同时在教学上可以通过播放图片和动画等手段来加强与学生的沟通。除了注重与幼儿的沟通交流，学前教育专业学生还应注重口头陈述能力（如与家长、同事的沟通，做演讲等）、书面陈述的能力（如发通知、写报告等）等沟通交流能力的提高。

2.与人合作能力

与人合作能力是在生活和工作中逐渐形成的一种与别人相互合作、相互促进、共同发展的能力。①正确认识自我，尊重关爱他人。"金无足赤，人无完人"，部分人有可能是以自我为中心者，也有部分人可能有着自卑、懦弱、蛮横、自大等不同性格。这些人与人合作的能力有可能稍显薄弱，不能正确处理自身人际关系。作为学生，要充分认识自我，不欺负弱小，尊重关爱他人；同时，性格懦弱者应该进行自省，充分认识自身缺点，并尽量克服与他人交流合作的恐惧，进而完善自我。②对他人的做法与观点等持正确的态度。一千个读者就有一千个哈姆雷特，对待同一件事情，有可能不同的人会持有不同的观点，与人合作必须接纳别人的观点，取长补短，才能把一件事情做得更加完美。当然，别人的意见或观点与自己相矛盾时，也不应该横加指责，而应委婉地表达、劝说。③学会宽容、忍耐、谦虚礼让等做人美德。具有较强合作能力的人，是会倾听别人意见、凡事宽容忍耐的人。幼儿教师是个极度需要耐心与宽容的工作，很多时候，对于家长的误解需要耐心地倾听，宽容地对待。教师与家长是孩子成长过程中必不可少的重要角色，彼此互相配合合作，才能教育好孩子，同时使教师的职业感悟更深。

（四）思维能力

思维能力是对实际问题运用一定方法进行分析整理，使感性材料转化为理性认识，同时形成自己的一套理论并有所创新，最终解决问题的能力。其主要包括解决问题能力和创新能力两方面。

解决问题能力是指在实际工作中发现问题并提出具体解决方案，最终解决问题的能力。一方面，在幼儿园工作时，有必要强调利用自身的认知与知识去解决现实中的跨学科性质的问题的能力。例如，幼儿在游戏活动中摔伤，在送医院前需要做好一系列急救措施，应对医护人员到来前的突发情况；幼儿园中的伙食涉及的营养学问题；等等。另一方面，在游戏活动中进行随机应变的实时教育的能力。幼儿教育并没有特定的课程，也没有硬性规定的上课时间，幼儿园对幼儿进行看护照顾，提供玩耍场所，并进行一些简要的知识启蒙。在这样的前提下，幼儿的教育机会是随时随地发生的。例如，很多时候幼儿会发生打架现象，这样的问题常见但不容易解决。很多时候，幼儿教师认为阻止了幼儿的一次打架就是解决了问题，但实际上还会经常发生。因此，打架的时候要对幼儿进行适当的教育，教会他们友爱同学、谦让朋友，从而在根本上阻止幼儿打架问题的发生。作为幼儿教师，问题是随时会发生的，所以解决问题的能力是重要的，同时是必不可少的。

创新能力主要指思维开阔、敢于想象、不囿于条条框框，能把新思想应用到新事物中并制造出新事物的能力。作为幼儿教师，对于幼儿具有的丰富想象与大胆构想应当进行引导与鼓励，充分激发幼儿的创造力。因此，在引导幼儿的同时，教师必须具备创新能力，创新教学内容，创新教学方式，走在教育教学前沿。

（五）心理承受能力

心理承受能力是指拥有自信心与良好的心理素质，并能适应环境、承受挫折的能力。幼儿教师是一种特殊的职业，教学的对象是幼儿，因此在工作上必须付出极大的耐心与细心，同时面对来自外界的监督。在这样高强度的工作压力下，决定着幼儿教师必须拥有健康的心理素质，可以承受住来自社会、家长等方方面面加诸在身上的无形压力。这也就突出了教师心理素质的重要性，要求教师必须具有乐观开朗的性格、积极进取的精神、饱满的工作热情、坦荡宽广的胸怀、融洽的人际关系以及正确的角色认知，在工作上要有敢于创新的精神、善于接受新知识与新事物的能力、自我情绪调控的能力以及勇于面对挫折的勇气，这些都是幼儿教师必须具备的良好心理素质。

随着幼儿教师工作强度的提高、分工的细化、压力的增大，教师的心理健康也越来越受到人们的重视。无论是传统社会还是现代社会，人们对教师的知识水平与道德素质都提出了相当高的要求，这也对教师的职业心理增加了一定的外在压力。

第四节　《幼儿园教师专业标准（试行）》解读

幼儿园教师是履行幼儿园教育工作职责的专业人员，需要经过严格的培养与培训，具有良好的职业道德，掌握系统的专业知识和专业技能。《幼儿园教师专业标准（试行）》是国家对合格幼儿园教师专业素质的基本要求，是幼儿园教师开展保教活动的基本规范。学前教育专业培养的是幼儿园准教师，对学生的要求应该以幼儿园教师专业素质为方向，所以解读《幼儿园教师专业标准（试行）》对学前教育课程的建设具有指导性的意义。

一、《幼儿园教师专业标准（试行）》的指导思想

《幼儿园教师专业标准（试行）》（以下简称《专业标准》）是广大学前教育研究者、幼教行政管理人员、学前师资培养培训机构领导与教师、一线园长和教师等多方面共同研究、努力的成果。在研制过程中，始终坚持和体现了以下指导思想。

（一）专业导向，师德为先

幼儿教师是对幼儿实施保育和教育职责的专业人员，需具有特定的专业素质，具有良好的职业道德与态度、专业的教育知识与技能。因此，《专业标准》奉行明确的专业导向，坚持严格的职业道德规范，明确规定幼儿园教师从事幼儿园教育教学工作所必需达到的基本专业要求。

（二）基本规范，前瞻引领

《专业标准》是国家对合格幼儿园教师专业素质的基本要求，规定幼儿园教师必须达到的基本专业素养和教师开展保教活动的基本规范，同时是引领幼儿园教师专业发展的基本准则，为幼儿园教师专业发展提供方向性的指引和导航。幼儿园教师应按标准中所提出的专业要求，不断提升专业发展水平。

（三）全面要求，突出重点

《专业标准》将专业理念与师德、专业知识和专业能力作为幼儿园教师必备的基本素质与条件，尤其注重专业理念与师德，将其作为《专业标准》的灵魂与核心。《专业标准》强调合格的幼儿园教师必须富有爱心、责任心、耐心和细心，必须关爱幼儿、尊重幼儿，做幼儿健康成长的启蒙者和引路人。同时，对当前社会反映的教师专业意识或行为中薄弱、不足的方面，予以关注与强调。

（四）共同准则，体现独特

《专业标准》既要充分反映教师职业所应具有的普遍性专业特点，又要适应幼儿身心发展需求和幼儿园阶段教育的特殊性，充分体现幼儿园教师素质的独特性。在《专业标准》中，特别强调幼儿园教师要保教结合，适宜安排幼儿的一日生活，重视环境和游戏对幼儿发展的独特价值，积极支持与引导幼儿游戏，将教育灵活地渗透于幼儿的一日生活与活动中。

（五）立足国情，国际视野

《专业标准》是引领我国幼儿园教师专业发展的基本准则，要充分考虑满足我国社会和学前教育事业改革发展的需要，并充分考虑我国国情与教师专业发展和教育现状。同时，要积极分析与借鉴国际相关儿童发展、教育改革，特别是教师专业标准和专业化发展等最新研究成果，以制定既符合世界教育改革与教师专业发展趋势，又适合我国国情的幼儿园教师专业标准。

二、《幼儿园教师专业标准（试行）》的内容解读

（一）树立专业理念与崇高师德

幼儿园教师的专业理念与师德是幼儿园教师所持有的专业理念及其所拥有的师德的统称，是幼儿园教师专业发展的一个关键维度，在《专业标准》的结构框架中居于首要位置。专业理念与师德是幼儿园教师从事保育和教育实践工作的情感和动力基础。拥有不同专业理念与师德的教师，就会以不同的热情与态度对待幼儿和各项日常工作，而且自我发展的意识、积极性以及工作的创造性也会不同。《专业标准》规定幼儿园教师应该具备"专业理念与师德"，包括对职业的理解与认识、对幼儿的态度与行为、幼儿保育和教育的态度与行为及个人修养与行为四个领域。

1. 对自身职业的理解与认识

《专业标准》中的"对职业的理解与认识"领域所涉及的范畴主要包括以下五项基本内容。

①贯彻党和国家教育方针政策，遵守教育法律法规；②理解幼儿保教工作的意义，热爱学前教育事业，具有职业理想和敬业精神；③认同幼儿园教师的专业性和独特性，注重自身专业发展；④具有良好职业道德修养，为人师表；⑤具有团队合作精神，积极开展协作与交流。

"对职业的理解与认识"领域是从幼儿园教师对学前教育事业和幼儿园教师职业的认识等宏观层面，对一个合格幼儿园教师所应该具备的专业理念和师

德进行规定。获得对自己所从事的职业的正确认识，树立对自己所从事的工作的科学理解是成为一个合格幼儿园教师的前提。这一领域主要涉及的是幼儿园教师对国家教育方针政策的理解、对学前教育价值的认识、对幼儿园教师这一职业的态度、对职业工作中团队的认可以及幼儿园教师应该具备的职业道德等内容。

2. 正确认识儿童的态度与行为

《专业标准》从关爱幼儿、尊重幼儿、注重生活教育三个方面对幼儿园教师的儿童观进行了规定。其具体包括以下四项基本内容：①关爱幼儿，重视幼儿身心健康，将保护幼儿生命安全放在首位；②尊重幼儿人格，维护幼儿合法权益，平等对待每一个幼儿，不讽刺、挖苦、歧视幼儿，不体罚或变相体罚幼儿；③信任幼儿，尊重个体差异，主动了解和满足有益于幼儿身心发展的不同需求；④重视生活对幼儿健康成长的重要价值，积极创造条件，让幼儿拥有快乐的幼儿园生活。

"对幼儿的态度与行为"领域是从工作对象的角度对一个合格的幼儿园教师所应具备的专业理念与师德进行了规定。幼儿园教师对幼儿的态度和行为，重点体现在一个"爱"字上，"爱"是师德的灵魂。幼儿园教师只要树立起"以幼儿为本"的理念，富有"爱心"，自然会衍生对幼儿教育的责任心、耐心和细心，从而产生对幼儿生命的责任感。只有具备爱心，才能产生对职业的正确理解与认同，产生正确的保教意识，进而升华为对幼儿教育事业的职业理想和敬业精神。幼儿园教师看待、认识、评价幼儿的观念和对待幼儿的行为即幼儿园教师的儿童观。儿童观直接影响幼儿园教师实施教育的理念、路径、方式和实际行动。为了树立正确的儿童观，教师必须认识到幼儿拥有各项基本权利，尊重幼儿的差异性，充分了解幼儿发展的潜力。

3. 坚持幼儿保育和教育相结合原则

《专业标准》中"幼儿保育和教育的态度与行为"领域是从保教观的角度对一个合格的幼儿园教师所应具备的专业理念和师德进行的规定，主要包括以下六项基本内容：①注重保教结合，培育幼儿良好的意志品质，帮助幼儿形成良好的行为习惯；②注重保护幼儿的好奇心，培养幼儿的想象力，发掘幼儿的兴趣爱好；③重视环境和游戏对幼儿发展的独特作用，创设富有教育意义的环境氛围，将游戏作为幼儿的主要活动；④重视丰富幼儿多方面的直接经验，将探索、交往等实践活动作为幼儿最重要的学习方式；⑤重视自身日常态度言行对幼儿发展的重要影响与作用；⑥重视幼儿园、家庭和社区的合作，综合利用各种资源。

幼儿园工作的主要目的就是对幼儿实施保育和教育。保教工作是幼儿园教师工作的重点和核心，其他工作都是围绕保教工作展开的，因此，保证保教质量是保证幼儿全面发展目标得以实现的前提。幼儿园教师对保教活动的原则、内容、方式、效果等整个过程的认识与理解直接决定着保教活动的实践形态。这就要求幼儿园在重视幼儿园教学活动的同时，应重视幼儿的生理发育、卫生保健及心理卫生，以科学的学前教育观来指导自己的专业实践活动，促进幼儿的身心和谐发展。

4.具备良好的个人修养与行为

《专业标准》中"个人修养与行为"领域是从幼儿园教师的个性品质、人格特质以及心理健康等个人修养的角度对合格的幼儿园教师所应该具备的专业理念与师德进行规定。其具体内容如下：①富有爱心、责任心、耐心和细心；②乐观向上，热情开朗，有亲和力；③善于自我调节情绪，保持平和心态；④勤于学习，不断进取；⑤衣着整洁得体，语言规范健康，举止文明礼貌。

幼儿园教师的个人修养在这里主要体现为胜任本职工作所必须具备的性格特征、积极的心理倾向、创造性的认知方式、丰富的情感、坚强的意志、高尚的道德品质以及规范的行为方式等人格特征的综合体。

（二）掌握系统的专业知识

幼儿园教师的专业知识是其专业素质的重要组成部分，体现着幼儿园教师作为一种专门化职业的独特性和不可替代性。它既是每一位幼儿园教师必备的知识，又是其"专业理念与师德"和专业能力的认知基础。《专业标准》规定幼儿园教师应该具备的"专业知识"包括幼儿发展知识、幼儿保育和教育知识、通识性知识三个领域。

1.关于幼儿发展知识

"幼儿发展知识"所涉及的范畴主要是指与幼儿健康成长有关的儿童生理学和心理学知识，包括以下几项基本内容：①了解关于幼儿生存、发展和保护的有关法律法规及政策规定；②掌握不同年龄幼儿身心发展特点、规律和促进幼儿全面发展的策略与方法；③了解幼儿在发展水平、速度与优势领域等方面的个体差异，掌握对应的策略与方法；④了解幼儿发展中容易出现的问题与适宜的对策，了解有特殊需要的幼儿的身心发展特点及教育策略与方法。

幼儿发展知识是幼儿园教师知识结构的核心部分，因此幼儿园教师要做好教育幼儿的工作，需要先认识和了解幼儿，系统掌握幼儿生理和心理等方面的科学知识。幼儿生理学和心理学知识是向幼儿施加影响和教育的依据，是幼儿园教师顺利履行自己的专业职责必须掌握的知识，也是幼儿园教师知识结构中的重要部分。因此，教师要系统掌握幼儿发展知识，充分认识与了解幼儿身心发展的一般规律、发展的年龄特征与个体差异、发展中的常见问题和有关儿童生存发展权利的法律法规。

2. 关于幼儿保育和教育知识

"幼儿保育和教育知识"涉及幼儿园教育目标、内容、途径、方法、策略等基本知识，包括以下五项基本内容：①熟悉幼儿园教育的目标、任务、内容、要求和基本原则；②掌握幼儿园环境创设、一日生活安排、游戏与教育活动、保育和班级管理的知识与方法；③熟知幼儿园的安全应急预案，掌握意外事故和危险情况下幼儿安全防护与救助的基本方法；④掌握观察、谈话、记录等了解幼儿的基本方法；⑤了解 0～3 岁婴幼儿保教和幼小衔接的有关知识与基本方法。

保教知识指导着教师的保教实践，进而影响幼儿的成长。保教知识也是教师保教能力形成的基石。幼儿园教师要想不断提升自己的专业水平，就必须掌握幼儿保育与教育的知识，理解和贯彻学前教育任务，明白幼儿在学习过程中的心理需求及学习特点，能够依据幼儿的身心发展水平来促进其各项能力的发展和提高，能够有效指导幼儿的游戏活动，培养幼儿良好的行为品德等。只有具备丰富的保教知识，才能依据教育规律和幼儿身心发展特点，有针对性地进行教育。

3. 关于通识性知识

"通识性知识"所涉及的范畴主要是指与幼儿教育专业实践有关的科学文化知识，包括以下五项基本内容：①具有一定的自然科学和人文社会科学知识；②了解中国教育基本情况；③掌握幼儿园各领域教育的特点与基本知识；④具有相应的艺术欣赏与表现知识；⑤具有一定的现代信息技术知识。

通识性知识是幼儿园教师全面掌握和透彻理解幼儿发展知识和保教知识的基本前提和必要保证，也是幼儿园教师个体文化素质的一个重要指标。由于学前教育以培养"完整的儿童"为目的，旨在促进幼儿身体、认知、情感、社会性的全面发展，作为幼儿学习的支持者、引导者的幼儿园教师自身必须拥有广阔的知识面，能够涉猎人类已有的知识系统中各个不同的领域，才能对幼儿产生有效的影响。

（三）完善自身专业能力

1. 环境创设的能力

环境是重要的教育资源，应通过环境的创设和利用，有效地促进幼儿的发展。幼儿园教师应具有环境创设与利用的能力，为幼儿创设丰富适宜的环境，支持、引发和促进幼儿与环境的互动，使幼儿在快乐的生活与学习中获得良好的发展。另外，幼儿园同伴群体及幼儿园教师集体是宝贵的教育资源，应充分发挥这一资源的作用。教师的态度和管理方式应有助于形成安全、温馨的心理环境；言行举止应成为幼儿学习的榜样。可见，幼儿园教师应从精神环境和物质环境两个方面来营造良好的环境氛围，促进幼儿身心的和谐发展。

2.游戏活动支持与引导能力

游戏是幼儿的基本活动，是幼儿的生活方式。作为幼儿园教师，既要深刻认识、领会并认同游戏对幼儿发展的独特价值，又要具备有关幼儿游戏的理论与实践知识，更要具备支持和引导幼儿游戏的实践能力。因此，幼儿园教师需要从幼儿的兴趣出发，选择游戏活动的内容；从幼儿的需要出发，投放游戏活动材料；从对幼儿的观察出发，进行游戏活动指导；从幼儿的自主性出发，建立游戏活动规则。

3.教育活动的计划与实施能力

幼儿园教育活动的计划与实施能力直接影响着幼儿的有效学习和发展。具有较好教育活动计划与实施能力的教师在组织教育内容时能够充分考虑幼儿的学习特点和认知规律，将各领域的内容有机联系、相互渗透，注重综合性、趣味性、活动性，寓教育于生活、游戏之中，在教育活动过程中特别注重幼儿的主动探索、操作实践、合作交流和表达表现等。

4.激励与评价能力

教师的激励与评价能力对幼儿的积极主动学习和良好发展具有重要意义。以激励为基本导向、以观察为主要手段、以改进教育实践为主要目的，是对幼儿园教师的基本专业要求。评价是教育过程的重要组成部分，是改进教育和促进幼儿良好发展的重要手段，也是幼儿园教师自我成长的重要途径。教师要想在教育实践中不断获得进步，就应该学会有效运用评价。

5.沟通与合作能力

沟通与合作是人类生存与发展的重要条件，也是教育的重要途径与手段，在幼儿园教育阶段尤其重要。因此，专业的幼儿园教师必须具备沟通与合作的能力，善于与幼儿、同事、幼儿家长乃至社区相关人员进行有效沟通与合作。教师应成为幼儿学习活动的支持者、合作者、引导者，本着尊重、平等、合作的原则，争取家长的理解、支持和主动参与，并积极支持、帮助家长提高教育能力；应充分利用自然环境和社区的教育资源，扩展幼儿生活和学习空间。

6. 反思与发展能力

反思与发展能力是教师职业特点的必然要求。教师职业的变化性和复杂性需要教师不断地学习与思考，不断反思和改进教育实践，不断地实现自我发展和完善。教师是反思性实践者，在研究自身经验和改进教育行为的过程中实现专业发展。教师是终身学习者，在持续学习与不断完善自身素质的过程中实现专业发展。

教师的反思能力要求教师在职业活动中，把自我作为意识的对象，在教学活动过程中，将教学活动本身作为意识的对象，不断地对自我及教学进行积极、主动的计划、检查、评价、反馈控制和调节。幼儿园教师的专业发展是一个持续的、长期的积累过程，需要教师有自我发展的意识，不断进行专业发展规划，不断提升反思能力。

三、《幼儿园教育指导纲要（试行）》解读

从结构来看，《幼儿园教育指导纲要（试行）》（以下简称《纲要》）由四个部分组成，即总则、教育内容与要求、组织与实施、教育评价。下面主要依据这四个部分的内容进行解读。

（一）总则

第一部分是总则，共五条，其精神贯穿全文。

第一条说明了制定《纲要》的依据、原因、目的。

第二条说明了我国幼儿园教育的性质和根本任务，即幼儿园教育是"基础教育的重要组成部分，是我国学校教育和终身教育的奠基阶段"，其根本任务则是"为幼儿一生的发展打好基础"。

第三条规定了我国幼儿园教育的外部原则，即幼儿园必须适应社会的变化，在更新"教育资源"概念的基础上充分地利用外部资源，与家庭、社会等密切合作，与小学相互衔接，共享资源，办更加开放的、社会化的学前教育，以推动教育社会化、社会教育化的进程。

第四条指出了幼儿园教育自身的特点，强调了幼儿园是通过创设健康、丰富的生活和活动环境来帮助幼儿学习，使幼儿在快乐的童年生活中获得有益于身心发展的经验，如"以游戏为基本活动"等，让他们在生活中发展，在发展中生活。

第五条规定了幼儿园教育的内部原则，即幼儿园在教育过程中必须遵循的基本规则。

（二）教育内容与要求

在《纲要》的第二部分"教育内容与要求"中，将幼儿学习的范畴按学习领域相对划分为健康、语言、社会、科学和艺术五个领域，同时强调了"各领域的内容相互渗透，从不同的角度促进幼儿情感、态度、能力、知识、技能等方面的发展"。

1. 健康

（1）内容与要求。在内容与要求方面，《纲要》指出："密切结合幼儿的生活进行安全、营养和保健教育，提高幼儿的自我保护意识和能力。"为此，教育活动的组织形式应根据需要合理安排，因时、因地、因内容、因材料灵活地运用。幼儿园的健康教育应与日常生活中的健康教育相结合，集体教育、小组活动与个别交谈相结合。

《纲要》还指出："与家长配合，根据幼儿的需要建立科学的生活常规，培养幼儿良好的饮食、睡眠、盥洗、排泄等生活习惯和生活自理能力""家庭是幼儿园重要的合作伙伴。应本着尊重、平等、合作的原则，争取家长的理解、支持和主动参与，并积极支持、帮助家长提高教育能力"。就幼儿园健康教育而言，取得家庭、社区的积极配合非常重要，否则来自任何一方的消极影响都将抵消幼儿园健康教育的积极作用。健康领域的活动"要充分尊重幼儿生长发育的规律""要根据幼儿的特点组织生动有趣、形式多样的体育活动，吸引幼儿主动参与"。有效的教育方法从来都与受教育者的年龄特点、心理特点以及教育内容密切相关。幼儿园健康教育的方法一般有观摩、共同讨论、自我学习、动作技能练习、感知体验等，在教育过程中应注意方法的针对性、多样性和趣味性。在幼儿园健康教育中，动作技能的练习与来自生活的感知体验是最基本的方法。

（2）指导要点。在指导要点中，特别强调"幼儿园必须把保护幼儿的生命和促进幼儿的健康放在工作的首位"，这是由幼儿身心发展的特点所决定的。尽管保护生命对于任何个体都具有重要意义，但对幼儿来说尤为必要。幼儿的生长发育十分迅速但远未完善，幼儿的活动欲望强烈但自我保护意识薄弱，幼儿的心灵稚嫩纯洁且特别容易遭到伤害，而生命的健康存在又是从事其他一切学习活动的必要前提。因此，保护幼儿的生命理所当然地成为幼儿园的首要任务。

《纲要》中明确要求"树立正确的健康观念，在重视幼儿身体健康的同时，要高度重视幼儿的心理健康"。"树立正确的健康观念"是开展幼儿园健康教育、促进幼儿健康的前提。要对幼儿实施正确的健康教育，必须先理解健康的内涵，树立正确全面的健康观。此外，在实施幼儿园健康教育中，既要防止单纯重视幼儿的身体健康，又要防止片面强调幼儿的心理健康。

2. 语言

（1）内容与要求。《纲要》明确要求"创造一个自由、宽松的语言交往环境，支持、鼓励、吸引幼儿与教师、同伴或其他人交谈，体验语言交流的乐趣"。幼儿园语言教育的首要任务是帮助幼儿成为积极的语言运用者，在交往中逐渐学习理解和表达不同的意图。鉴于此，教师和其他成人需要特别注意保护幼儿运用语言交往的主动性和积极性，"鼓励幼儿大胆、清楚地表达自己的想法和感觉"。教师也应"引导幼儿接触优秀的儿童文学作品""培养幼儿对生活中常见的简单标记和文字符号的兴趣""培养前阅读和前书写技能"，帮助幼儿逐渐提高语言能力。

（2）指导要点。针对语言领域提出的目标，《纲要》在指导要点中指出："语言能力是在运用的过程中发展起来的，发展幼儿语言的关键是创设一个能使他们想说、敢说、喜欢说、有机会说并能得到积极应答的环境""幼儿语言的发展与其情感、经验、思维、社会交往能力等其他方面的发展密切相关，因此发展幼儿语言的重要途径是通过互相渗透的各领域的教育，在丰富多彩的活动中去扩展幼儿的经验，提供促进语言发展的条件"。这表明《纲要》非常重视交流活动和语言环境对幼儿语言发展的影响。因此，在幼儿园中，教师要为幼儿创造支持性的语言教育环境，成为幼儿平等的交流者，让幼儿通过聆听来理解语言，积极地发展语言运用能力。

3. 社会

（1）内容与要求。在内容与要求部分，《纲要》在社会领域特别强调正面教育和对幼儿生活的重视。正面教育是一切教育最基本的原则，其核心是在尊重的前提下对幼儿提要求，在肯定的前提下对幼儿的行为进行补充和修正，在维护幼儿的自主性和完整性的前提下渗透课程的要求。这些都是大而化之的基本原则，具体来讲有以下几方面。

第一，以积极的方式对幼儿提出要求。所谓积极的方式，即我们在希望幼儿做一件事情而不是做另一件事情、按照这样的方式去做而不是按照那样的方式去做的时候，我们直接告诉幼儿具体如何去做和做什么，而不是告诉他不要如何做和做什么。

第二，良好、积极的环境。从社会性（个性）发展的角度，一个良好的、积极的环境意味着一个能够诱发、维持、巩固和强化积极的社会行为的环境。在积极良好的环境中，教师的言行举止可以作为幼儿的表率，在有意无意中引起幼儿的模仿和日积月累的强化巩固。在这种环境里，幼儿是被动地学习，但是被动地学习也可以是有价值的，并且这种价值主要在于学习的内容。除此之外，积极良好的环境还指教师所创设的条件、机会能够影响幼儿活动的方式，通过幼儿的活动方式间接地影响幼儿的社会性行为，促进幼儿社会性发展。

第三，行动和言语相互强化。在对低龄幼儿提要求的时候，如收拾玩具、整理教室等，需要教师在言语说明的同时配合相应的行动。这种配合里面暗含一种深层观念：教师所提出的要求，不仅针对幼儿，还针对自己，教师要将自己放在和幼儿平等的位置。

（2）指导要点。在《纲要》指导要点中，"社会领域教育具有潜移默化的特点。幼儿社会态度和社会情感的培养尤其应渗透在多种活动和一日生活的各个环节之中，要创设一个能使幼儿感受到接纳、关爱和支持的良好环境，避免单一呆板的语言说教"所对应的规则是他律规则，所采用的方法是"熏染"，幼儿在其中的主要任务是适应环境、内化规则。"幼儿与成人、同伴之间的共同生活、交往、探索、游戏等，是其社会学习的重要途径。应为幼儿提供人际相互交往和共同活动的机会和条件，并加以指导"所对应的规则是自律规则，所采用的方法是共同生活中的交往活动和实践活动，其中幼儿的主要任务是在满足自己的需要和目的的过程中生成个性和社会性。

4. 科学

（1）内容与要求。科学领域的内容与要求是将科学领域的教育内容与教育环境、教师的任务、儿童的活动、儿童的发展融合在一起，充分地体现了《纲要》中新的知识观和教育观。科学领域的知识明显地具有"情景化、过程化、活动化、经验化"的特点，体现了从注重静态知识到注重动态知识、从注重表征性知识到注重行动性知识、从注重"掌握"知识到注重"构建"知识的重大变革。

（2）指导要点。《纲要》中科学领域的指导要点，向我们点明了科学领域知识的主要特点、教与学的主要特点及要特别注意的主要问题，其主要强调以下方面。

①幼儿科学教育是科学启蒙教育，重在激发幼儿的认知兴趣和探究欲望。

②让幼儿亲历和感受科学探究的过程和方法，体验发现的乐趣。

③科学教育生活化，学习身边的科学，科学教育活动应渗透于一日生活之中。

教师要尽量创造条件让幼儿参加实际探究活动，"亲身经历真实的研究过程"，要让幼儿真正地"做科学"，引导幼儿在做的过程中感受科学探究的过程和方法。

5.艺术

（1）内容与要求。在艺术领域的"内容与要求"中多次提到激发情趣、体验审美愉悦和创造的快乐、体现自我表现和创造的成就感，强调了艺术是情感启迪、情感交流、情感表达的良好手段，是对幼儿进行情感教育的最佳工具。教师应通过艺术活动使幼儿激发情趣，激活兴趣，通过艺术活动体验审美愉悦，使艺术活动赋予幼儿满足感和成就感。艺术活动是幼儿自我表达的重要方式。《纲要》反复指出艺术是幼儿"表达自己的认识和情感的重要方式"，要使幼儿"大胆地表达自己的情感、理解和想象"，并指出这种艺术表达是"自由表达"，是"创造性表达"等。

（2）指导要点。艺术领域的指导要点强调"应充分发挥艺术的情感教育功能""要避免仅仅重视表现技能或艺术活动的结果""应支持幼儿富有个性和创造性的表达"。这要求教师给幼儿提供宽松、和谐的精神氛围和自主表现的空间；要求教师尊重个体差异，接纳不同水平的幼儿，不要横向比较；要求教师根据幼儿的困难和需要"审时度势"地为他们提供必要的帮助和适宜的引导。幼儿艺术活动应以幼儿为本，强调主动性，改变幼儿被驱使进行艺术活动的被动地位；强调幼儿艺术教育对幼儿自身的影响作用、对幼儿发展的促进作用，改变使艺术成为技能训练和表演的功能。

（三）组织与实施

《纲要》的第三部分是"组织与实施"。其11个条目中贯穿着尊重幼儿的权利，尊重教师的创造，尊重幼儿在学习特点、发展水平、个性特征等方面的差异，尊重幼儿身心发展的客观规律，尊重教育、教学的客观规律等理念与观点，突出了幼儿园教育组织实施中的教育性、互动性、开放性、针对性、灵活性等原则。下面主要总结了在"组织与实施"这一部分中对幼儿教师的要求。

1.全面、科学地了解儿童

教师应具有全面、科学的幼儿发展知识，全面、科学地了解幼儿发展的能力，积极、适宜地把握幼儿发展的进程及其特点，这是一个教师对幼儿进行有效教育、取得良好教育教学效果的首要前提。许多事实与经验也说明，不了解或忽视幼儿身心发展水平或特点，常易造成师幼交往中的误解和教育工作中的诸多矛盾、冲突、困难，甚至失误。

全面、科学地了解幼儿发展的能力主要指以下内容。

（1）科学地认识幼儿与幼儿发展。

①幼儿是独立的、积极主动的个体，有自主活动、独立活动和充分活动的

能力和权利。

②幼儿是完整的个体，其发展包括身体、认知、情感、社会性、个性等方面的全面发展。

③幼儿是正在发展中的个体，具有充分、巨大的发展潜能。

④幼儿在与周围环境、他人的积极主动的相互作用中不断成长、发展。

⑤幼儿的发展具有个体差异，不同的幼儿具有不同的身心发展特点。

（2）掌握幼儿的学习和发展规律。幼儿的学习和发展有其自身特点和规律，能否了解和把握幼儿学习和发展的规律，是教师专业能力的重要表现。作为一名幼儿教师，需要了解和掌握幼儿发展的主要方面、学习的主要形式及其特点，幼儿是怎么发展的，发展过程的主要规律、阶段和水平，幼儿发展的主要影响因素及其作用；教师应该了解并懂得幼儿是如何学习的，幼儿怎样主动建构自身经验，在这个建构过程中，外部经验又如何转化为幼儿自己的经验，影响因素主要有哪些，教师应该如何有效地帮助和支持幼儿的学习与发展等。

2.有效地选择、组织教育内容

教育内容是教育的重要中介要素，直接制约着幼儿所受到的影响的性质、内容和发展方向。因此，有效地组织教育内容的能力是教师教育实践能力的首要组成部分。

第一，要强化目标意识，确立以"幼儿发展目标"为本的意识与实践行为，明确幼儿发展各方面目标及其相互关系，并以此为指导，全面分析本班幼儿认知、行为、情感等各方面的发展状况、特点、问题与需求。

第二，要明确教育内容不等于"教材"，它不是死的、固定不变的，而是活的、动态变化的，具有明显的针对性与适宜性。因此，教育内容需要教师根据教育目标结合本班幼儿的发展需要来确定。

第三，教育内容要紧密结合幼儿的发展和生活经验。幼儿的发展特点、需求与日常生活经验应成为学前教育内容的首要资源，以保障最大限度地适合和满足幼儿成长的需要和取得最佳的教育效果。

第四，社会、文化、自然和人文资源等也是教育内容宝贵而丰富的来源。教师应充分了解当地的社会、文化、自然和人文资源等，并结合幼儿成长需要与认知、学习规律，精心选择和组织幼儿感兴趣又对幼儿发展有意义和价值的内容，有机地整合各领域、各来源和适于幼儿各方面发展的教育内容，使之构成一个有机联系、相互渗透、综合作用、优质高效的课程内容系统，从不同方面共同促进幼儿的全面发展。

3.创设发展支持性环境

环境是重要的教育资源，幼儿在与环境的相互作用中成长、变化。所以，教师不仅应对幼儿所处的环境予以足够的关注与重视，还应该具有创设发展支持性环境的能力，以有效地促进幼儿的发展。

第一，为幼儿创设健康、丰富的生活和活动环境，以满足幼儿多方面发展的需要，获得有益于身心各方面健康发展的丰富经验。并且，为幼儿创设充满关爱、温暖、尊重和支持的精神心理环境，使幼儿获得充分的安全感、被尊重感和受接纳感，有利于幼儿情感、态度、行为和个性等的充分发展。

第二，有效组织适合幼儿的多种形式的教育活动。环境不仅是物质的、精神的，还是活动的。各种各样的活动构成了幼儿丰富的学习与成长世界。教师创设教育环境常常可通过组织形式多样的各种教育活动来实现。为使活动真正成为幼儿学习性的、支持性的、发展性的环境，教师要注意以下几点：①无论是活动、材料、区域布置，还是要求、引导，重点都在支持幼儿自主活动、主动探索、操作和充分体验上；②创设多样的"问题情境"和"开放性问题"，以激发幼儿思考与探究，调动与激励幼儿参与和不断学习的兴趣与积极性，在与环境、情境、问题的不断积极、主动的相互作用中获得主动、有效的学习。

第三，促进幼儿间积极的互动与交往。同伴及其交往是幼儿重要的学习资源与环境。幼儿在同伴群体中互相观察、模仿、讨论、协商、合作，学习和锻炼着各种社交技能、社会行为，发展着适宜的情感、态度、自制力和多样的问题解决能力。因此，促进同伴间交往，在幼儿中建立一种积极、良好的互动关系，从而形成一种有利于幼儿学习和发展的合作性学习氛围，是教师环境创设能力和教育实践能力的重要组成部分。

第四，教师自身要成为幼儿学习和活动的支持者、合作者和引导者。教师要以关怀、尊重、接纳的态度与每一个幼儿交往，关心和热爱每一个幼儿；教师要关注幼儿在活动中的表现和反应，倾听他们的想法和感受，敏锐地察觉他们的问题、困难与需要，并及时给予适宜的支持和引导。

第五，积极与家长沟通，使家长对幼儿园活动有充分的了解，理解、支持、配合幼儿园开展各种形式的活动。这有利于深入挖掘家长的教育潜能，形成家园共建的教育合力，为幼儿多方面的发展寻找机会和途径。

第六，积极地评价幼儿。教师一方面要重视对幼儿进行动态的、形成性的评价，并着眼于为幼儿提供更适于他们需要的帮助与引导；另一方面，要注意积极调整幼儿同伴、其他教师和幼儿家长等对幼儿的评价，给幼儿健康成长创造一个积极、健康、支持、温暖的环境。

（四）教育评价

《纲要》的第四部分是关于幼儿园教育工作的评价。《纲要》将幼儿园教育评价的功能界定为"是了解教育的适宜性、有效性，调整和改进工作，促进每一个幼儿发展，提高教育质量的必要手段"。《纲要》还指出："评价的过程是教师运用专业知识审视教育实践，发现、分析、研究、解决问题的过程，也是其自我成长的重要途径。"此外，还提出了评价的发展性、合作性、标准的多元性以及多角度、多主体、多方法、重视过程、重视差异、重视质性研究等原则。

1.评价过程由静态变为动态

静态评价只是评估幼儿的个人表现，以此来说明他们的实际发展，它关注幼儿已经学到的东西，如根据幼儿已经具有的某一行为来说明幼儿的发展，幼儿活动的结果受到更多的关注。而动态评价则是评价幼儿在合作中受协助后的表现、潜在的发展或幼儿在学习过程中的情形。更重要的是，动态评价是在真实的教学情境中进行的，其特点就是把评价与教学连接在一起。

动态评价关注幼儿个体能做到的以及借助成人或同伴之间的互动所能实现的潜能成长。在动态评价过程中，幼儿会被评估者给予暗示或其他支援，评价与教学成为一体。这种动态评价是发生在教育过程中，而不是在教育活动之后。同时，借助所给的暗示和支援，评价成为一种反馈，使教师能够通过这种反馈反思自己的暗示与支援的适宜性。

动态评价把评价看成一个持续的过程，它对幼儿发展的分析包含过去、现在和未来。它不同于静态评价使用标准化的个人测验所得到的信息，因为这种信息只反映幼儿过去学到的和能独立表现的部分，是已经"成熟"的能力。动态评价关注的是幼儿在合作中得到支持和援助后的表现，它比静态评价更能提供给教师关于幼儿发展的信息，它所反映的是幼儿"萌发的"和"成熟中的"能力，并能告诉教师现在幼儿在学什么，并预期他们未来能做什么，而这些正是教育教学活动的依据。

2.评价内容与方式由单一变为多元

单一评价内容仅关注认知结果，而多元评价则涉及所有领域，社会的、情感的、认知的和运动的，也涉及幼儿学习的情感和倾向，并注重对个体发展独特性的认可。单一评价方法往往仅关注对认知结果的量化评价，而多元评价方法不仅使用量化评价方法，更多地以质性评价为基础，应用多种先进的评价方法，不仅考察"认识"或"概念"等认知层面，还关注对"表现"等行为观察层面的考察。以往，教师比较注重对知识点的测评，对幼儿的评价主要放在幼儿具体了解了多少、掌握了多少。现在,《纲要》则更多地强调幼儿在实际生活中的感受和体验,并指出"平时观察所获得的具有典型意义的幼儿行为表现和所积累的各种作品等,是评价的重要依据",评价要"在日常活动与教育教学过程中采用自然的方法进行"。以往,教育内容是具体的知识菜单,评价是看幼儿对菜单的掌握情况。现在,《纲要》中教育内容更多地考虑到"能否兼顾群体需要和个体差异,使每个幼儿都能得到发展,都有成功感",单一的评价显然不能满足这些需要。

第二章 学前教育专业人才培养机制分析

第一节　学前教育专业人才培养的目标与制度

一、学前教育专业人才培养的目标

（一）身体心理素质维度培养的目标

身体心理素质维度培养的目标主要包括生理适应性良好、人格健全、心境良好及意志坚韧等方面。

1. 生理适应性良好

所谓生理适应性，是指教师能够适应自我生理上的变化，有效调节因生理变化导致的心理与行为问题的能力。准幼儿教师理应生理适应性良好。这是因为长时间超负荷的创造性劳动不仅会直接损伤幼儿教师的身体，还会通过引发幼儿教师生理功能紊乱的形式间接损伤幼儿教师的身体。如果幼儿教师没有一定的生理适应能力，将难以长期承受幼儿教师这一特殊的职业。

2. 人格健全

人格是一个人态度和行为方式的独特而稳定的表现，健全的人格是衡量一个人心理是否健康最主要的标准。人格健全的幼儿教师，能够正确地认识自我、体验自我和悦纳自我，能够充分发挥自己的优势与潜能，在保教活动过程中扬长避短，这不仅可以使其心理免受挫折，保持良好的工作状态，还可以使其直接收到良好的保教活动成效。

3. 心境良好

心境是指个体的情绪处于一种平静、微弱、持久的状态。心理学研究表明，心境具有弥散性，良好的心境可以充分调动个体的积极情绪，有利于个体有效地调适工作上的压力、生活中的挫折、内心的冲突，使个体有效避免紧张、克服焦虑、保持乐观、避免自卑等，从而使个体的心理机能处于最佳状态，最大限度地带来工作成效。当然，由于教师职业是以心灵塑造心灵的职业，教师的良好心境可以感染学生，使整个"教"与"学"都处于一个愉悦的状态，进而带来高成效的"教"与"学"的效果。不言而喻，一名准幼儿教师要想获得理想的保教成效，必须保持良好的心境状态。

4. 意志坚韧

准幼儿教师要想胜任幼儿教育事业，必须具备坚忍的意志品质。原因如下：第一，幼儿的保教过程不但艰巨复杂、周期性长，而且常遇阻力与挫折，理当需要幼儿教师具备坚毅与自制的品质以及坚定不移与百折不挠的精神；第二，因幼儿保教情境具有复杂性、可变性与偶然性，使保教过程充满着很多不确定性因素，所以作为幼儿保教活动的主导者，幼儿教师必须对保教过程中可能出现的各种新情况、新问题及新事件做出果断的决策与处理；第三，幼儿教师工作的对象是具有主观意识与主观能动性的、尚未成熟的幼儿，无论是在学习上还是在生活上，他们都有自己的理解、观点与主张，他们的未成熟性造成他们的理解、观点与主张在很多时候是偏狭的，甚至是完全错误的，这个时候就需要幼儿教师加以正确的引导。然而，通常情况下，幼儿教师要他们立马接受纠偏或纠误是很难的，有时甚至会遭到这些幼儿的公然"违抗"。面对此情此景，幼儿教师不得不强行克制自己的情绪与行为，否则将会造成不良的影响，甚至造成意想不到的恶果。

（二）思想道德素质维度培养的目标

思想道德素质维度培养的额目标包括正确的世界观、人生观与价值观，热爱幼儿教育事业以及高尚的理想情操等。

1.正确的世界观、人生观与价值观

世界观是人们对世界各种现象和事物的总的看法，是人们对世界的本质和各种关系以及世界上的一切事物的根本观点，包括社会观、自然观以及伦理观、审美观等。每个人都有各自不同的世界观。一方面，由于人们社会实践水平、历史发展阶段、知识结构以及思维方式的不同，认识会有所不同，世界观也有差异；另一方面，人们因其根本利益、社会地位以及对社会发展、人生追求的看法和态度有所不同，而形成不同的世界观。

一般来说，人生观主要回答人为什么活着，以及人生的意义、价值、目的、理想、信念、追求等问题。人生观的基本内容包括幸福观、苦乐观、荣辱观、生死观、友谊观、道德观、审美观、公私观、恋爱观等。比如，陶行知先生说"捧着一颗心来，不带半根草去"，这就是一种高尚的人生观。价值观是人们对事物有无价值和价值大小的一种认识和评价标准，是人生观的集中体现。价值观回答值不值的问题，就是回答这件事这样做有没有价值、价值大小的问题。一个人的价值观在某种程度上反映了一个人的人生观，也反映了世界观，直接制约着人们的思想和行为。世界观、人生观、价值观是一个有机的整体，有什么样的世界观就有什么样的人生观和价值观。人生观、价值观是世界观的重要组成部分，又是世界观的具体体现。人生观与价值观紧紧相连，人生

观决定价值取向，价值观引导人生走向，人生观和价值观又丰富和发展着世界观。显然，世界观、人生观、价值观决定着一个人的人生追求和人生道路，决定着一个人的思想境界、道德情操和行为准则。作为直接影响学生思想形成与发展的教师，理应牢固树立正确的世界观、人生观与价值观。准幼儿教师亦不例外。

2.热爱幼儿教育事业

从幼儿教师职业特点看，幼儿教师职业是一个需要持续奉献、不断钻研、勤于思考、坚持创新的职业。学前教育专业毕业生从一名准幼儿教师发展成为一名合格乃至优秀的幼儿教师，必然需要经历许多磨炼、挫折乃至失败。如果缺乏较高的职业成就动机和浓厚的职业兴趣，那么将很难避免职业倦怠的出现。一旦出现职业倦怠，将很难继续追求自己的专业发展。只有对幼儿教师事业由衷地热爱，才能不断抵御各种原因导致的职业倦怠，才能有信心、有勇气、有斗志去克服专业发展过程中的各种障碍、阻力与挫折，才能视幼儿教育事业为一项神圣的事业，从而为了幼儿教育事业的蓬勃发展而甘当"春蚕""人梯"和"蜡烛"。

3.高尚的理想情操

理想是人们在实践过程中形成的、有实现可能性的、对未来社会和自身发展的向往与追求，是人们的世界观、人生观和价值观在奋斗目标上的集中体现。对现状永不满足、对未来不懈追求，是理想形成的动力源泉。情操是情感和操守的结合，是一种由感情和思想综合起来的、不轻易改变的心理状态，比如求知欲、爱国心等就是一种情操。毋庸争辩，作为保教活动的关键主体，幼儿教师理应具备高尚的理想情操。

（三）专业理念素质维度培养的目标

专业理念素质维度培养的目标包括坚定的终身学习观、科学的儿童观、先进的幼儿课程观。

1.坚定的终身学习观

终身学习是指社会每个成员为适应社会发展和实现个体发展的需要，贯穿人的一生的持续的学习过程，即我们常说的"活到老学到老"。在"知识爆炸"的当今时代，学习是不能一次性完成的，必须终身学习。作为准幼儿教师，理应成为终身学习的示范者。

2.科学的儿童观

儿童观是指人们对儿童的看法和态度，即儿童是什么，怎么看待儿童，把儿童看成什么样的人，对儿童采取什么样的态度等。幼儿教师具有什么样的儿童观，就会采取什么样的教育方式与措施对待幼儿。显然，幼儿教师的儿童观决定着幼儿教育的方向和质量。科学的儿童观是以儿童身心发展的基本规律为出发点，以社会发展的需要对社会未来一代的期望为引导，它反映了现代人自我意识的发展水平，反映了时代的发展需要。毋庸置疑，学前教育专业合格毕业生理应具有科学的儿童观。

3. 先进的幼儿课程观

课程观是对课程的各种认识和看法的总称，包括对课程的概念、课程的编制、课程的实施、课程的评价等各个方面的认识。先进的幼儿课程观强调幼儿教育内容要符合幼儿的认知规律，与幼儿生活密切相关，易使幼儿接受和产生兴趣。先进的幼儿课程观认为，幼儿学习的内容应该是与教育目标相符合的，有利于幼儿全面、健康、和谐地发展的内容；幼儿学习的内容应该是幼儿现在或将来学习、生活所必需的或者对幼儿基本素质的发展有较大价值的内容；幼儿学习的内容必须能转化成幼儿自身活动，并且要有适当的难度（体现幼儿的年龄特点）；幼儿学习的内容要与幼儿生活的经验相联系；幼儿所学内容之间必须有内在逻辑联系；幼儿学习的内容应该是幼儿感兴趣的。只有确立了"幼儿园课程本身不是目的，而是促进幼儿发展的手段"这一观念，幼儿教师才不会无视幼儿学习特点和学习规律，做出一些不利于促进幼儿情感、态度、能力、知识、技能等方面发展的行为。

（四）专业知识素质维度培养的目标

专业知识素质维度培养的目标包括基本初步的学前教育实践性知识、足够的专业性知识和广博的通识性知识。

1. 基本初步的学前教育实践性知识

教育实践性知识是一种"缄默知识"，是教师在教育实践过程中不断反思与总结个人或他人的成功经验和失败经验后体悟出来的经验性知识。"对任何一位教师来说，个人实践知识有助于教师重构过去与未来以致把握现在"。教师的教育实践知识诞生于实际教育情境，彰显着教师的教育实践智慧与独特的教育风格。教育实践性知识是教师专业发展的知识基础。教师拥有的教育实践知识越丰富，标志着教师在教师专业方面的发展水平越成熟。研究表明，在实际教育教学中，"教师的实践性知识对教师从新手变为一名成熟的专业教师，以及教育教学质量的提高起着决定性作用"。① 不难推断，一名教师要想最大

---

① 李建辉，王晶晶.教师专业素质结构新探[J].当代教师教育，2010,3(1)：11-14.

限度地提高自己的教育教学成效，必须尽可能地不断积累自己的教育实践性知识，逐步丰富自己的教育实践性知识。教师积累教育实践性知识的过程就是向专家型教师发展的过程，一旦某位教师的教育实践性知识累积到一定程度，他就具备了一位专家型教师应有的重要知识基础。对学前教育专业毕业生来说，由于缺乏实践经验，其教育实践性知识必然明显缺乏；但对一名合格的学前教育专业毕业生来说，其完全可以利用教育见习与教育实习的时机，直接或间接地获取诸多教育实践性知识。

2.足够的专业性知识

幼儿园的教学活动有一个明显不同于中小学的地方是，其教学主要是通过游戏的方式展开的。为了胜任幼儿园的游戏教学，教师至少应该具有体育、琴法、美术、音乐、舞蹈五类专业中的某一类专业知识。显然，合格的学前教育专业毕业生，理应具备足够的专业性知识；否则，根本胜任不了幼儿园的教学工作。

3.广博的通识性知识

普通文化知识，即指通识文化知识，包括当代的科学技术知识、人文社会科学知识以及工具性学科知识和熟练运用的技能。幼儿教师之所以应当具备广博的普通文化知识，主要原因有以下两点：

其一，任何一个教师，他对学生所发生的影响绝不限于某一专业领域，各门课的教学虽各有具体要求，但它们的目标却是德智体全面发展的学生，教师对学生的影响必然是全面的。尤其是在幼儿园课程日趋多元与综合并存的今天，幼儿教师更要具备宽广的知识面，具有广博的普通文化知识。苏霍姆林斯基曾经指出，教师在课堂里讲授的知识，只是教师所需要掌握的知识中的很少一部分。此外，他还指出，教师读书应是出自内心对知识的渴求。应该说，在教师所教的那门科学领域里，学校教科书里包含的那点科学基础知识，对教师来说只不过是入门的常识，只是沧海之一粟。由此可见，为了胜任幼儿教师职业，幼儿教师应该注重对普通文化知识的不断积累。

其二，在信息发达的当下，幼儿每天都可以通过互联网、电视、广播等信息渠道涉猎多种多样的知识，因而随时都可能向教师提出多种多样的问题。作为一名幼儿教师，诚然不可能完美回答幼儿所提出的全部问题，但是如果一名幼儿教师具有广博的普通文化知识，就更可能引导幼儿对那些尚未得到圆满回答的问题进行有益的思考与有效的探索，同时培养幼儿对未知世界的发现欲望。

（五）专业技能素质维度培养的目标

专业技能素质维度培养的培养目标包括具备幼儿教学基本技能、初步的幼儿班级管理技能、初步的幼儿课堂教学技能。

1.具备幼儿教学基本技能

教学基本技能是指从事教师职业应有的基本技能或基础技能，包括口语技能、书写技能、信息技能与沟通技能。对准幼儿教师来说，理应具备教学基本技能。其中，扎实的口语技能主要表现为语言清晰流畅、通俗易懂、准确精练，且能做到抑扬顿挫，甚至具有幽默感，如此口语技能无疑能够增添幼儿获取信息（知识）的数量与提升幼儿获取信息（知识）的质量。书写技能主要体现在"三笔一画"上，流畅、漂亮、清晰的粉笔字、钢笔字、毛笔字及简笔画不仅能够因为增加教育教学过程中的美感而平添幼儿学习的兴趣与积极性，还能够起到示范作用，从而成为幼儿效仿的具体目标。信息技能是当下教师必备的技能之一，这是因为幼儿教师不但需要从多种渠道获取有效信息，而且需要掌握现代信息技术，尤其是多媒体制作与应用技术。沟通技能是构建人际关系不可或缺的技能，扎实的沟通技能是教师构建良好的师幼关系、同事关系以及"师长关系"（幼儿教师与幼儿家长之间的关系）等人际关系的关键，而良好的师生关系、同事关系以及"师长关系"是教师开展和谐的保教活动并取得高效的保教结果的有效保证。

2.具备初步的幼儿班级管理技能

班级管理技能即管理班级的技能。毋庸争辩，幼儿教师是幼儿园保教活动的主导者，为使保教活动顺利进行，幼儿教师必须能够有效地组织保教活动，且能够合理地调控课堂并灵活多样、合情合理地解决课堂教学中的多种"突发事件"，而这些都有赖于幼儿教师的班级管理技能。对学前教育专业毕业生来说，至少应该通过教育见习与教育实习等环节习得初步的班级管理技能，否则，肯定不能合格毕业。

3.具备初步的幼儿课堂教学技能

教学是学校教育工作的中心环节，课堂是实施教学的主要渠道，课堂教学是教学的基本形式。不难推断，课堂教学技能是幼儿教师应当具备的关键技能。幼儿教师的课堂教学技能不仅决定着课堂教学的成效，还制约着幼儿园的保教质量。从幼儿的视角来看，幼儿教师的课堂教学技能具体反映在教师如何引导幼儿掌握知识、积极思考、运用多种策略解决问题等；从教学活动的视角来看，幼儿教师的课堂教学能力集中体现于教学监控能力。所谓教学监控能力，"是指教师为了保证教学的成功、达到预期的教学目标，而在教学的全过程中，将教学活动本身作为意识的对象，不断地对其进行积极和主动的计划、检查、评价、反馈、控制和调节的能力"。教学监控能力强的教师，不但能够科学合理地对自己的教学活动事先进行计划和安排，而且能够恰如其分地对自己的实际教学活动进行有意识的监察、评价和反馈，甚至还能够"因境而异"地对自己的教学活动进行调节、校正和有意识的自我控制。教学是学校全部教育的重要组成部分，因此教学监控能力是教师从事教育教学活动的核心要素，是当代新型教师应该具有的核心素质。不言而喻，一位合格的学前教育专业毕业生理应具有初步的课堂教学能力。

二、学前教育专业人才培养制度

（一）学前教育专业的管理制度

学前教育专业的管理制度主要包括日常教学管理制度和实习管理制度。教学管理制度是协调与规范教学管理者与学生之间的关系的准则，是教学活动得以顺利进行的有效保障。日常教学管理制度是指为维护日常教学秩序，保障教学活动顺利开展的有关规章制度。与学前教育专业相适应的日常管理制度主要体现在以下几点：一是学生入学后的第 1 年以通识教育的形式进行"宽口径"培养；二是学生入学后的第 2～3 年进行"厚基础"培养。有学者认为，从当前高等教育的基本规律以及教师专业发展的需要来看，教师职前培养应该"实行学科专业教育与教师专业教育相对分离的培养模式，建立大学教育学院或教师教育学院作为教师专业教育的基地，完成教师专业教育的培养任务"。① 本书认为，高校学前教育机构应该与广大幼儿园及幼儿培训机构建立密切联系，将他们作为自己的教师专业发展学校，一方面便于学前教育专业学生进行教育观摩、教育见习与教育实习，另一方面便于双方学校教师专业素质的提升。

从国内外成功的实践案例来看，本书认为，在学生毕业前的一学年，为其配备双导师十分重要。所谓双导师，一是指高师院校专门指导师范生教育实践课的教师（以下简称高校指导教师），二是指学前教育专业学生所在的幼儿园或幼儿培训机构的指导教师（以下简称实习学校指导教师）。其中，高校指导教师的责任是对师范生的实习进行视察，对师范生的学习的评价和调节过程进行管理，对实习学校所提供的培训质量进行视察和评价；实习学校指导教师一

---

① 陈时见.论新时期教师培养模式改革[J].西南农业大学学报（社会科学版），2006（2）：212-215.

般由经验丰富的教师担任，他们要与高校指导教师紧密合作，主要负责师范生的教学指导，其主要责任是参加学前教育专业培养的相关会议或者专业发展活动，对学前教育专业学生在特定学科或者年级的教学进行指导，为学前教育专业学生进行教学示范，观察学前教育专业学生如何与幼儿园合作并提供建设性的反馈意见，包括特定场合下的书面反馈、对学前教育专业学生的实习情况进行评价、参与既定的监测和评价程序等。

（二）学前教育专业的评价制度

作为学前教育专业人才培养模式的一部分，培养评价要想摆脱传统评价不全面、不灵活、不合理的缺陷，务必要引入学校评价和社会评价相结合、基础评价与差异评价相结合的方式进行人才培养质量评价，具体方式包括校系评价和实习单位评价结合、专业教师评价和园长／一线教师评价结合、理论成绩与实践成绩结合。采用实习指导教师打分、园长评价学生会演、毕业生就业质量追踪等多种评价形式，同时根据差异培养的人才培养要求，对学生的专业职业技能实施差异评价，根据个体差异，要求不一，标准有异，进而形成与学生入学时的职业能力倾向定位、培养过程中差异教学一以贯之的评价模式。

一方面，必须强化培养评价管理部门的引导和服务职能。一是加强科学规划评价指标。应该确立评价某一课程所要求达到的具体项目及其标准，组织制定各部分考核方式及其评价分值结构，并提前通知学生。二是严格执行过程评价。将出勤率、课堂表现、学习态度纳入评价指标体系，坚持专业知识单元测试、艺术技能周期检查岗位训练定时总结报告环节。同时，学业考核增加学前教育专业学生个人评价，校外实践在学业考核的基础上再增加幼儿园管理评价，有助于规范管理评价制度，取得显著成效。三是将职业鉴定结果纳入考评体系。鼓励学生获得幼儿教师职业资格证书或者相关学前教育的技能等级证书等，这样既使学业评价具有职业导向性，又能够提高学生职业岗位竞争的实效性。

另一方面，加大评价投入，夯实评价基础保障。一是建立多样化激励与淘汰措施。对成绩较高的设立奖学分、奖学金和实施评优评先政策，对成绩不合格的设立合理惩罚措施，如减学分、补考、跟读或者点批等。二是建立评价监督机制。归管学前教育专业部门要建立培养评价监测小组，并有学生代表参与，不定期地对学前教育专业学业考核与实践评价的实施情况进行督查与评价，并将督查结果作为培养结果最后验收的重要环节，通过监督、检查与评价来保证课程评价的质量。三是建立成绩查询与申诉的制度。学院应该及时通知学生的课程评价考核成绩，一则可以使学生及时了解自身学习的不足之处，以便及时做出调整与改正；二则让学生有权对其成绩提出疑问与申诉，并且在学校申诉制度保障下使评价结果更加公正和公平，提高评价结果的有效性。

第二节　全实践理念下学前教育专业人才培养机制的改善

一、全实践理念下的学前教育专业多元化人才培养机制的体系

高校人才培养机制主要由政府、高校、市场（用人单位）、教师、学生五个主体构成（见图2-1），而不是高校内部的封闭式培养。在人才培养机制体系中包括以下内容：政府通过宏观调控、提供各项支持政策引导学前教育专业多元化人才培养方向，并通过一定的激励手段促进人才培养，这属于"调控机制"；高校内部教师与学生通过良性互动，制定以实践为导向的多元化培养目标、模块化课程结构、课程内容、教学实施、课程评价，这是"课程与教学运行机制"；高校提供完善的招生就业机制、师资队伍、激励机制、教学制度管理、教学基础保障、校园文化保障来实现"教学管理和保障机制"；高校与用人单位之间互助合作，促进高校培养适应市场需求，提高人才的实践能力，践行"校企合作机制"。本研究中，全实践理念下学前教育专业多元化人才培养机制主要由上述"五主体、四机制"组成。

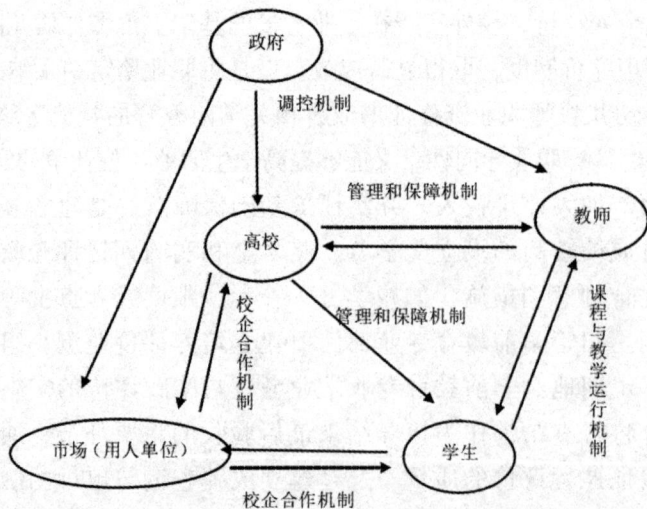

图2-1　全实践理念下学前教育专业多元化人才培养机制的"五主体、四机制"

二、全实践理念下学前教育专业人才培养机制的改善途径

（一）完善政府主导的学前教育专业多元化人才培养的调控机制

政府提供政策引导和财政支持保障学前教育高质量多元化人才培养，通过行政手段、法律手段和经济手段，营造有利于学前教育多元化人才培养的法律环境、政策环境。

第一，省级政府制定高等教育的发展规划，加大保障经费投入，以政策引导不断促进高校专业建设。教育管理部门中的人才培养部门制定实践课程的设置与考核，并进行合理监管，加大对高校教学质量评估，进而促进大学行为的改善，提高当地教育水平的整体发展。针对高校不同特色及发展层次，政府教育主管部门对院校进行分类引导和管理。

第二，以国家学前教育的发展政策为导向，地方政府和教育部门根据地区特色制定具体的落实政策，督促贯彻落实学前教育发展 3 年行动计划，促进地区学前教育事业的总体发展。

第三，具体针对学前教育专业的特点和行业现状，出台相关的就业政策，促进人才培养、学科发展以及学生就业。同时，规范高校学生的见习、实习管理制度，保障学生实习实践的切身利益，促进高校就业制度的完善。

第四，政府相关部门要出台抓好学前教育人才队伍建设的政策，切实加强高校创新改革宣传、学前教育专业多元化人才培养推广示范点、公办民办幼儿园等儿童文化机构的基层单位建设，合理设置机构，稳定人才队伍，完善基础设施，改善工作条件，注重解决学前教师基层职工普遍关心的民生问题。更加注重学前师资培养，提高教师整体的待遇，努力实现"教育公务员"，通过保证教师的地位，促使我国教育质量的整体发展。对于高校"双师型"和"复合型"教师的培养应健全相应的法律法规，提供相应的师资建设经费支持。

第五，政府重视学前儿童文化产业，大力发展与儿童相关的服务、设计、影视等产业，促进社会对学前教育事业有正确的评价和认识，改变"小儿科"的观念，通过社会舆论促进幼儿教育事业的发展。

（二）健全高校内部学前教育多元化人才的教学管理和保障机制

1.改善教学管理制度

在全实践理念下进行学前教育专业人才培养改革，建立"实践性人才"更应关注过程管理和监督制度，不断推进专业之间的融合，实现人、财、物等教

学资源的优化设置。①

具体完善以下三方面的管理制度：

（1）完善"双导师"制度。为促进学前教育多元化人才培养，在学前教育实施"双导师"制度，它是高校与地方儿童文化相关机构合作培养的一种形式。在学前教育一年级实行校内导师制度，自二年级分成一线教师和复合型人才的方向后，二年级、三年级、四年级实行校内导师和校外实习单位导师双导师辅导制。高校需要建立详细的实施制度，对导师的聘任、职责、工作制度、考核及待遇以及相关的学校组织领导机构进行规范管理，以促进学前教育专业学生校内学习发展、校外实践提高。高校制定严格的导师遴选制度，选择德高望重、学业精深、思维敏锐的教师，让学生在潜移默化中受到教育，因材施教，并且充分发挥学生的潜能，在不同基础上得到提高。

（2）规范实践性教学的管理制度。对于学前教育专业多元化人才培养的实践性教学体系，其中重要的保障措施就是高校关于实践性教学详细的规章制度。这些制度政策具体应该包括实践教学的实施过程、监督工作、财政经费、安全管理等方面。在具体实施过程中，结合不同实践内容的要求，加强学生在实践过程中的组织领导、纪律、评优等方面的工作。学校在监督工作中，应制定细则，明确督导人员和任务，做到赏罚分明。在财政经费方面，学校对教师培训、学生实践能力考核、实习经费的资金投入应该加大，并且在实习实践经费管理方面制定详细的准则。在安全管理方面，学校应建立相应的实习保险和安全管理制度，促进学生安全保护和学校形象维护。

（3）全面实施学分制，完善选课制。学分制的前提和核心是选课制，其突出特点是尊重学生个体差异，有利于多元化人才培养战略的实施。学校应提高学前教育专业选修课的比例，加强选修课的组织和建设，提高选修课程质量，实现以培养学生实践能力和精深的专业能力为目标的评估方式。对于教师工作，应调动教师的积极性，实现自由灵活、多劳多得，创新收入分配制度。不断完善学分制，鼓励学生创新发展学分研修，可以替代部分选修学分内容，促进学生个性和能力的共同发展。此外，建立相应的管理制度，在保障学生和教师的需求的同时，使教学环节有序和谐发展。

2.建立科学的教学激励机制

在对教师的激励机制建设方面，主要是基于教师的专业发展进行评价和激励。首先，要关注高校不同教师的需求，建立不同层次的评估和激励系统，为

---

① 冯永平.高校教学管理体制与运行机制的改革研究[J].中国农业教育，2001(6)：28-29，47.

不同层次的教师提供不同的发展空间，对教师进行差别化激励，促进教师队伍整体素质的提高。其次，完善考核评价制度，对教师的评价重在教师引导学生独立思考，启发思维，并且拥有良好的师德、学风，为学生树立精神榜样。评估主体多元化，采用教师赛课、教学督导、同行评价、学生评价、自我评价等多种措施，由此健全教师教学质量综合评价体系，多维度进行综合评价。再次，建立合理的教学优质薪酬机制，使教师的工资、福利待遇与教学质量和工作量挂钩，激发教师教学质量的提高。同时，应该提供相应的促进措施，帮助教师和管理人员逐步提高。例如，学校设立教学和学习资源中心，提供教学资源对教师进行培训，定期召开教学研讨会和学术讨论会，提高教师的教学技能和科研能力。对于管理人员要加大培训，更新管理的观念和水平。最后，要提高教师和管理人员的福利待遇，改善教职工的工作环境，促进更好的教学、科研和管理。

在对学生的激励机制建设方面，主要基于学生能力发展进行激励。一是目标激励，通过教师对专业文化和就业指导的宣传，提高学生学习和发展的主动性，基于自我的职业需求更好地掌握学前教育的知识和能力，培养相应的专业情感；二是奖励激励，对于专业学习过程中具有独创性的作品和研究给予物质或精神上的奖励，激励学生在学习中不断创新，同时增加荣誉激励的类型和数量，提高学生的积极性；三是评价激励，教师合理的考核评价、同伴评价、实践导师评价、参与社会活动的其他人员的评价等多主体全面评价，有利于学生明确自身优势和不足，在实践中不断地改进和提高。

3.完善学前教育专业多元化高素质师资队伍建设

每一名教师都应该注重提高自己的综合素质。申继亮提出应从以下五个方面着手改善：一是掌握本学科的前沿性知识。努力提高学历水平和研究能力，学习专业领域内先进的教学理念和前沿知识。二是加强教师的条件性知识——职业知识。提高自我的专业水平，同时结合学前领域的特点有针对性地教学，注重培养学生学会如何教幼儿学习。三是实践性知识。参与同学前教育相关的用人单位的实践活动，对教育实践性知识进行反思和总结。四是教师的文化修养。需要有人文精神、批判思维，用严谨的思维、旁征博引的知识、幽默的语言、标准且富有艺术化的示范，形成独特的风格，一言一行对学生进行潜移默化的影响。五是需要有很好的合作能力和管理才能。加强教师与学生之间的沟通和交流，把握学生特点和发展动向，进行因材施教，真正地实现教与学双向互动。① 多元化师资结构建设主要从以下方面发展。

首先，实施师资培训工程，发展"双师型"教师队伍。对于职前培养阶段，借鉴德国的教师上岗前的培养，主要分为两个阶段。第一个阶段是在大学师范教育阶段；第二个阶段是4个学期的见习期，在这期间，不仅要参加大学里专业教学法、教育学等研讨活动，还要到用人单位进行每周10课时的教学。加强专职教师的在校研修，一方面支持教师到国内外进修、访学，鼓励学前教师外出参加各类研讨会，扩大教师的视野和信息量；另一方面制定保障措施，增加在校教师参加幼儿园等用人单位的实践活动，以教研项目为载体，深入实践基地进行教学指导和交流，实现"产、学、研"的互动合作。

其次，建设"复合型"优秀教学团队。第一，加强兼职教师队伍建设，促进教师结构多元化。通过制定优惠政策，引进幼教领域专家学者来校讲座或交流指导；继续聘请地区幼儿园特级教师、名师作为实践教师，讲授专业实践性强的课程，并进行就业知识、能力、心理、态度等方面的指导，促进学生了解一线教育经验以及工作中的突出问题；同时，吸引优秀的儿童文化读物编辑人员、早教机构培训人员、儿童医疗保健人员等充实到双师型教师队伍中。第二，联合高校内部不同院系优秀的课程资源，为学生提供自然科学、人文、艺术等综合素质的课程，在总体专业领域的基础上针对学前教育的教育特点进行有针对性的训练。同时，促进各院校教师和学生的相互合作，通过具体的实践学习任务，在自主研修与合作学习的基础上促进复合型教师和学生的培养。

4.完善教学基础设施和校园文化保障机制

学前教育专业人才培养要促进提高物质和精神环境。对专业发展来说，主要的物质环境保障就是教学基础设施的建设。一方面，在网络文献信息建设上，应加大学前教育专业方面书籍、报刊的投入，促进前沿知识更新和学科资源建设。加强对网上信息资源的管理，促进高校之间建立图书馆网络，实现文献资源的共享，以自学的形式促进学生通识基础的提高。另一方面，加大对学前教育专业基础设施建设，完善学前教育专业的舞蹈房、美术室、琴房、多媒体教室、微格教室的设备。继续完善专业发展基础设施建设并提高各类实训室的利用率，如学前儿童行为观测与心理分析实验室、幼儿游戏与教学活动模拟实验室、幼儿手工制作与环境创设模拟实验室、幼儿文学与戏剧排演活动中

---

① 尹方.培养高素质创新人才是高校教学改革的最终目标[J].东北大学学报（社会科学版），2000(4)：290-292.

心、儿童感觉统合实训室、学生作品展览室、科学实践实训室、科学教育标本室、奥尔夫音乐教室、蒙台梭利实训室等，良好的利用和管理工作可为学生交流和学习提供有利条件。

要发展学生的精神环境、丰富校园文化。一个学校的校园文化决定了学生的精神风貌和性格特征。首先，要构建校园特色文化，塑造优雅的校园环境，陶冶学生关爱学校、关爱自然的高雅风尚。其次，开展与学前教育专业相关的丰富的文体艺术活动，促进学生全面发展。组织学生参加文艺展演、体育竞技、心理健康咨询等活动，激发学生的审美水平和身心健康。各院系承办活动并提供相关支持，举办辩论赛、演讲比赛、主持人大赛、合唱节、书法、美术展览、讲故事情景剧比赛、师范生技能表演大赛等各类比赛，锻炼学生的综合实践能力。再次，大力发展以学前教育专业为主体支撑的社团文化，如手工社团、心理协会、多元智能协会，活动中充分发挥学生的自主性和创造性。最后，规范活动组织和宣传，充分利用院系网络平台加大学前教育特色专业宣传和成果展示，提高学生的文字编辑和网页制作、管理等技能。让学生在参与中寻找自身的个性和专业发展的不足，在实践中提高信心、勇气，发展沟通交往能力，逐步塑造完整人格。

（三）完善全实践理念下学前教育专业多元化人才培养的课程与教学运行机制

1. 构建学前教育多元化人才培养的模块化课程，满足学生个性需求

多元化人才培养模式的探索中，学前教育专业遵循因材施教的原则，注重学生个体需求与社会需求的协调发展，以"厚基础、宽口径、强能力、精专业"的指导思想优化课程体系，以优秀的教育实践基地为依托，具体根据学前教育专业特点，构建了"通识课程、专业课程、自主创新课程"的课程体系。每个部分开设相应的必修和选修课程，促进提高学生的综合能力与视野，培养具有宽厚的基础知识、全面的综合学科知识以及精深的专业化发展的教师素质人才。

通识课程主要以奠定学生的人文社会知识以及理工科基础为目标，主要包括政治、英语、体育、计算机、军事、形势与政策等必修课程。此外，综合校内各院系以及校外资源开设多样的选修课程，如人文社会科学系列、自然科学与技术系列、艺术体育健康系列、综合素质讲座、网络精品课程等。针对学前教育专业，注重引导学生通过选修课以及自主学习方式，发展通识艺术与自然人文社科基础能力，不断提高学科的专业基础，促进学生通识知识全面广博。

专业课程分为六大模块。为适应多元化人才市场需求与大学生个性化发展

需要，学前教育专业课程设置围绕教师能力发展的"三大领域"——教育信念与责任、教育知识与能力、教育实践与体验，建构了"幼儿教师综合素养、学科发展与前沿探索、课程开发与教学设计、教育教学技能与操作、专业实践研究与反思、专业持续发展与远程支持"六大模块。每一模块包括"原理、过程、资源、拓展"四个亚模块。"原理"即教师讲解学前教育的基本原理；"过程"即运用原理形成的相应的能力；"资源"即运用原理过程中需要的相应资源；"拓展"是资源和课外活动结合进行实践的过程。每个亚模块下设若干单元，每个单元下设若干主题，每个主题设有理论研讨、案例分析、操作练习等部分，其中主题对应于幼儿园及儿童文化机构的具体工作重点设置。允许学生按单元选择与组织模块内容，实现学分组合。不同模块的构成是在综合了不同高校人才培养方案的基础上，依据六大部分重新组合与划分。课程内容更多样化，必修课程以幼儿教师专业标准以及原有人才培养方案为依据，课程组合具有合理性。模块化课程区分必修和选修课程，同时选修课程开设的范围较广，学生有选择的自主权。规定总体以及六大模块的学分要求，明确介绍不同单元内容的教学目标和能力要求，允许学生自我选择课程，主动为未来职业发展做准备。基于不同单元的选择，实现了多元化人才的方向培养。

2. 构建全实践理念下的实践课程体系

学前教育一线教师以及学前复合型人才的培养，都以全实践的理念为指导进行课程教学，促进学生实践能力和创新能力的提高。建构学前教育专业实践性课程体系，先从理念上渗透实践，发展学生的综合实践能力；从时间上贯通实践，学生在校的四年全程实施实践课程；从空间上拓展实践，在校内、校外以及各模块课程发展实践技能；从课程内容整合实践，各领域课程实施不同实践环节；课堂教学体现实践，教师的课堂上有更多学生的参与和反思；从培养方案中凸显实践，进行多元化培养具体指向不同的实践方向，形成"课堂教学实践、课外活动实践、模拟性教育实践、一体化见习实习教育实践、研究性教育实践、社会实践"六个方面的实践课程内容体系。

（1）课堂教学实践。在专业理论课程中，增加实践教学内容。首先，教学案例可以丰富课堂，注重学生的评价和反思；其次，规定理论课程中采用丰富的实践教学的形式。无论是一线幼儿教师还是学前教育复合型人才，理论课教学都与幼儿园见习实习活动相联系。课程开发与教学设计中原理模块（学前教育学、学前儿童心理学、学前卫生学等）安排学生有目的地进行观察、调查、测验、咨询等活动，学生以小组的形式进行演讲汇报，增强理论和实际的联系，在实践中渗透理论学习。对于五大领域等课程设计，在课堂中增加学生说课、模拟教学、反思评价等活动。复合型人才的多元职业发展课程，以就业需求为导向，分析和解决具体工作中面临的问题。在学习基本原理的基础之上，学生小组合作设计解决方案，增强实践能力。教育教学技能与操作模块中，突出学生的主体地位，在学生对技能的应用中提升创造。教师设置不同的教学情境，激发学生自主解决问题的兴趣。

（2）课外活动实践。学生在校期间组织多种形式的课外实践教育活动。首先，自主组织与学前教育专业能力相关的实践活动，班级内部分小组组织角色表演，班与班之间合作演出，共同组织文艺表演、舞蹈创编，提高团队合作和综合实践能力。其次，鼓励学生积极参加校园活动，如第二课堂活动、社团活动、演讲、辩论、主持、教学技能比赛等各类比赛。积极应用学前领域的舞蹈、绘画、音乐、手工、环创等技能，活动中形成个人爱好，增强个人沟通、组织合作能力，提高学生的综合素养。

（3）一体化见习、实习教育实践。见习、实习活动深入学生大一至大四的不同阶段，应合理安排活动时间，且每个阶段采用不同的任务和形式。学生通过"入门式实践——体验式实践——操作式实践——教学实习——顶岗实习"，获得幼儿教师职业的意义感，提升反思性实践能力和实践智慧。见习活动主要安排在大一阶段行观摩调查。每学期安排学生到不同的幼儿园进行见习，不仅包括城市的，还包括乡村的，涉及民办公办等不同类型的幼教机构。在观摩的同时进行对比和反思，培养学生的问题意识，在见习中明确任务、过程、成果展示等各项目标，发展学生的研究意识和能力。

实习活动贯穿大二至大四这个学习阶段。对于一线教师方向的学生，分散实习的要求是大二、大三每周半天在幼儿园、早教机构进行实践教学，且采用学生和儿童一对一观察和服务的形式，帮助学生在了解儿童行为特征的同时更好地解读儿童心理；集中实习是大二阶段重点为一周的保育实习，大三阶段两周的生活游戏实习，大四上学期3个月在优质的幼儿园实习基地进行综合毕业实习。对于复合型学生，具体的实习安排的时间与一线教师方向的学生一致，针对学生职业发展选择扩大了实习实践基地的类型。与早教机构、幼儿园、妇幼保健医院等多种实习基地合作，实行实习基地导师负责制，实习内容由高校与实践导师协商决定，总体要求学生实现"观摩——反思——机构理念渗透——辅助实践——独立实践"的过程。学生通过自主选择职业发展方向的实习基地，全面处理实践活动的多方面任务。

（4）社会实践。社会实践主要在学生的假期进行。一方面，学校联系与学前教育知识相关的企业单位，提供学生长期、短期兼职的机会，保障学生安全，促进学生提高交往能力和社会适应能力。另一方面，学生深入了解家庭所在地不同幼儿园的情况、民间传统文化形成相应的教育活动、调查报告、玩教具制作等独立创作成果，对学前知识进行应用和丰富拓展。此外，参与社区实践活动。利用周末等课余时间，学校组织学生到社区进行幼儿知识和家庭教育宣传，组织学生参与"故事姐姐"等社区服务活动，在与儿童和家长的交流中发现自身专业发展的不足，逐渐提高学生的专业情感与专业技能。

3.建立"实践性人才"的课程评价机制

建立以"实践性知识"为衡量学前教育专业人才的标准，需要不断改革考试、测评及奖励的办法。对学生的评价一方面关注学生综合素质的总体评价，包括思想政治素质、文化素质、业务素质、身心素质以及创新精神、创业意识和实践能力，另一方面注重学生专业能力的评价和考核。

（1）改革考试制度，注重过程性和应用性。首先，综合运用多种考核方式，并进行适当组合，具体运用到一门课程的学业评估中，不只重视一种方式，达到"以考促学"的效果。这包括闭卷考试、开卷考试、口试、平时作业、调查报告、读书笔记、实验实习报告、课程论文、课程设计、期中测试、案例分析、文献综述、技能操作、技能展示等。理论课中，综合学生出勤考核、实践作业考核、期末统一联考、课堂表现四个方面进行考核评价；专业技能课中，注重以实践要求为导向的阶段性考核，即教师提供教学情境要求，请学生创造性地进行展示，并通过作品展、汇报演出、技能比赛等多种形式进行考核评价；在教育见习实习活动中实现多元评价，综合实习基地指导教师、学校指导教师、学生自评、他评、家长评价等主体进行综合评价。

其次，考试成绩构成多元化，评价方式科学化，使评估与实际的教育教学情境结合在一起，让评估融入自然参与的学习情境中。严格平时考核的方式和评分标准，可以采取学生评价小组和教师评价综合评定的方式，防止简单、随意的考核过程。同时，在考核比例构成中要增加学生平时成绩的比重，促进学生对学习过程的重视。考试内容科学化，命题涉及的内容应以考查学生灵活掌握和运用知识、分析问题、解决问题的能力和提高学生综合素质为导向，技能课注重与学前教育专业实践要求结合，使考试内容具有基础性、开放性、创新性。

（2）建立多元评价指标，适应学生不同职业发展需求。第一，把学生各类资格证书纳入综合评价体系。学生综合能力评价不仅包括学校所学的课程和技能，还包括各类职业资格证书的取得，其中部分资格证书可算作创新学分，与学生的荣誉奖励挂钩。具体包括英语等级证书、计算机等级证书、普通话证书、幼儿园教师资格证、幼儿园保育员证书、蒙台梭利教师资格证及儿童营养师、心理咨询师、育婴师资格证书等。同时，学校积极为学生取得各类证书提供教学和考试的途径和服务，促进学生综合能力的发展。

第二，学生人才评价和发展档案袋。学前教育专业学生入学后，对每个人设定人才培养档案袋，其中记录学生学习、参加活动、各项评估和自我评估的各种内容，具体包括智育、德育、个性等多方面内容。对学生进行总体综合性的评价，并把档案袋与学生的评优、奖励挂钩，促进学生自我监督和管理。

第三，建立课程评价的多元维度，更加注重学生情感态度的评价，不仅对学生专业知识、能力发展进行评价，还要注重评价学生情感、意志、个性、人格等非认知因素的发展。在评价主体上可以是教师和同伴共同参与，更加注重学习和实践的过程，将合作配合以及积极解决问题等方面也纳入评价标准，具体实施以学生内部小组自我评价为主，注重对学生情感态度的培养。

（四）健全校企合作机制

基于内部教学运行机制和外部保障机制，实现全实践理念下的学前教育专业多元化人才培养的关键一环是内外协调——校企合作机制的运行。在高校、行业、地方政府联合培养的指导方针上，建立"高校—幼教机构（文化产业机构）"培养共同体，共同促进学生的成长。与学前教育多元化人才培养相关的企事业单位主要包括幼儿园、早教机构、儿童读物出版社、妇幼保健医院、动漫设计等儿童文化相关产业。高校不断开发多类型的实践基地，具体实现校企合作的方式主要有以下几种。

第一，加大校外学生实践教育和校内课程建设方面的合作。首先，我们要"走出去"，拓展丰富的校外实践内容和形式。高校与所在地单位建立密切的合作，组织各类的实习、见习活动，以及学生课题研究活动，促进学生对专业知识的反思，以及专业能力的自我完善，并在实际环境中发展幼教生的专业情意；实践单位提供给学生心理调适、处理突发问题、社交和思维能力方面的任务情境，促进学生综合能力的发展；在具体的实习指导方面，从大二开始，对学前教育专业学生实行"双导师"制度，依托实践导师促进学生的职业能力和素质的发展，真正实现学校环境和社会环境的对接；同时，构建企业单位优先引进人才的合作策略，对于在实习见习期间表现突出的学生，企业单位采用优先录用策略，在就业和人才培养方面实现对接，提高学生学习和生活的积极性。其次，要"引进来"，通过校企合作不断完善高校内部的学前教育专业的课程建设。一方面，聘请合作单位优秀实践教师给学生上课，充实高校优秀多元化师资团队，同时促进学生实践性知识的学习和应用。对于部分专业领域课程，如五大领域课程、游戏课程、入学准备和幼小衔接、0～3岁儿童保育和教育、儿童读物文字和美术编辑、动漫制作等实践性强的课程内容，聘请合作单位中优秀的一线人才进行教学，通过更多的案例和操作促进学生知识能力的增长。另一方面，请园长、儿童文化机构负责人作为外聘教师，讲述专业实践领域的热点问题以及就业招聘等职业要求，为学生专业发展和就业指导提供更宽阔的思路和帮助。

第二，加强合作管理和互利互惠制度。首先，高校专门设立"教育实践管理部门"与用人单位和教育部门建立合作，促进实现更好的监督和考核。其次，双方共同探索培训互助机制，实现校地之间的互助互惠。高校学前教育专业免费为实践基地在职人员提供专业培训与科研指导，满足实践基地培养高层次人才的需求。实践基地免费接纳高校学前教育专业学生的实习实践，开放所有的教育教学资源，并选派担任高校学前教育专业的兼职教师任实践指导教师，提供高质量的专业见习实习指导和对学生进行教研、科研活动指导。双方定期总结实践基地实践探索与理论研究成果，并以著作、教学活动案例、论文集、原文教材等形式出版，共享研究成果，在合作中共赢。最后，在国家财政的支持下，可借鉴教育实习作为试用期的"有酬实习"的形式，深入实践基地体验教学过程的每个环节，充分调动高校学生实习实践的积极性，有利于实践效果的改善。

第三章　常见实践性教学法在学前教育专业教育活动设计类课程中的应用

第一节　案例教学在学前教育专业教育活动
设计类课程中的应用

一、案例教学法的概念

案例教学法，顾名思义就是以案例为教学媒介的一种教学方法。这种方法自古有之。古希腊伟大的哲学家和教育家苏格拉底，运用对话、讨论、启发的教学方式，通过向学生不断提问，揭示其回答中的矛盾，培养学生的独立思考、怀疑和批判精神。柏拉图将这些一问一答整理编纂成书，以故事为媒介说明道理，开创了西方案例教学的先河。我国早在春秋战国时期，诸子百家就曾采用民间故事阐明事理。这些伟大的思想家、教育家都自觉不自觉地运用了案例教学法。现在研究的案例教学法是 1870 年哈佛法学院院长克里斯托弗·朗戴尔在对传统教学方法进行大胆的根本性变革的基础上创立的，后为商学院借鉴应用，并加以改良，形成了公认的哈佛案例法。我国教育界对案例教学法的探索大约开始于 1980 年。

目前，不同领域对案例教学法的理解也有不同的角度。哈佛商学院对案例教学法的界定是："一种教师与学生直接参与，共同对工商管理案例或疑难问题进行讨论的教学方法。这些案例常以书面的形式展示出来，它源于实际的工商管理情境。学生在自行阅读、研究、讨论的基础上，通过教师的引导进行全班讨论。因此，案例教学法既包括一种特殊的教学材料，又包括运用这些材料的特殊技巧。"[1] 心理学家柯瓦斯基认为："案例教学法是一种以案例为基础进行研讨的教学方法。它除了可以用来传授资讯、概念以及理论，也可以训练学生的推理能力和解决问题的技巧。"[2]

目前在教育教学领域，人们倾向于将案例教学法定义为教育教学中的案例方法，即围绕一定的教育目的，将实际教育过程中真实具有代表性的情境加以处理，形成有利于学生思考和分析的案例，通过师生、生生之间的积极研讨、平等交流等方式，提高学生面临复杂教育情境时分析和解决问题的能力的一种

---

[1] 王宇.案例教学法在《市场营销学》课堂教学中的应用研究 [D].呼和浩特：内蒙古师范大学，2007.

[2] 马巾英.试论案例教学法在《财务管理学》教学中的应用 [D].长沙：湖南师范大学，2006.

方法。郑金洲曾对案例教学法下过定义:"从广义上讲,案例教学法可界定为通过对一个具体教育情境的描述,引导学生对这些特殊情境进行讨论的一种教学方法。在一定意义上,它是与讲授法相对的。"[①]

综合诸多专家、学者对"案例教学法"概念的理解和表述,可以总结出案例教学法的五点本质特性。①目的性。案例教学是针对教育实践中的冲突、问题进行的,不能漫无目的地展开。②学生主体性。案例教学法是以学生为主体、教师为主导的教学方法,这也是它与传统教学方式的最大区别,学生站在"当事人"的角度来思考问题,锻炼其分析解决实际问题的能力。③互动性。案例教学以课堂交流讨论为主,师生之间形成多向、立体的交流模式,集思广益,形成较为合理完善的解决方案。④开放性、多元性、创新性。这也是区别于传统教学方式的重要特征,案例教学鼓励学生追求新奇、多样的结论,培养学生的创造和探究能力。⑤实践性。与传统教学方式中的理论传授不同,案例教学以客观发生的事实为出发点,目标不是让学生接受唯一的标准答案,而在于通过对事实的分析思考,做出自己的决策,实现理论与实践之间的良好衔接。

二、案例教学应用于学前教育专业教育活动设计类课程的可行性

(一)案例教学符合学前教育改革的要求

1.案例教学的实施有助于打破专业设置和产业需求的"壁垒",实现二者的结合

学前教育的专业设置不是人们任意而为、凭空想象的,它设置的初衷是满足幼儿教育发展的需要。但社会在不断进步,经济在飞速发展,产业在加快调整,如果专业设置不与时俱进,势必会在某种程度上异化为"阻力"。而案例教学由于其素材源于幼儿园,通过这些真实素材,我们可以透视行业的变化、产业的调整、企业的需求,进而"倒逼"我们重新审视专业,调整专业设置。可见,案例教学的实施有助于打破专业设置和产业需求的"壁垒",实现二者的结合。

2.案例教学的实施有助于改变课程内容与专业标准"两张皮"的现象,实现二者的统一

虽然早在 2012 年国务院已经出台了《幼儿园教师专业标准》,这为学前

---

① 张靖.学前教育专业本科生教育实习研究[D].大连:辽宁师范大学,2011.

教育专业人才培养的定位和课程内容的选择、排序提供了标准和依据，但从目前学前教育专业的课程设置内容来看，仍然是典型的"三层楼"结构，即公共课程、专业基础课和专业课。其课程的内容设置依据存在诸多问题，如课程内容不全面、重理论和轻实践以及艺术类技能课程比重过大等问题。如果把课程内容转化为真实案例，实施案例教学，上述问题就会迎刃而解。由于案例源于真实的幼儿园，因此不会存在"丢三落四"的现象、"重知识，轻实践"的情景以及艺术类技能课程比重过大等问题。

3.案例教学的实施有助于缩短教学过程与工作过程的差距，实现两者的"无缝"对接

在过去教学中，人们总是按照课程本身的逻辑体系来传授知识、教授技能。许多成绩优秀的毕业生，虽然能够将理论知识"烂熟于心"，技能"炉火纯青"，但一进入幼儿园便束手无策。于是，人们开始反思，为什么会出现这种教学与实际严重脱节的现象？有没有某种方法可以架起教学过程与工作过程的桥梁？案例教学法的出现则为我们提供了解决问题的有效方案。一是在教学的过程中再现了幼儿园的场景。案例教学最主要的特征之一是选取幼儿园中特定的真实情景作为教学的背景，让学生有一种身临其境的感觉。二是面对解决幼儿园的真实问题。在实施案例教学过程中，案例中出现的真实问题，也是幼儿园中遇到的真实问题，学生完成学习的过程即解决幼儿园面临问题的过程。三是学生角色的提前"预演"。在案例教学过程中，学生已经不是传统意义上的学生，他们已经充当了幼儿教师的角色。他们只有积极思考、全身心地投入才能解决实际问题。

（二）案例教学可以使教师认可，学生满意

教书育人是教师的神圣使命，学生能够成长成才是我们最大的慰藉，我们希望每个孩子都能成为国家的栋梁之材。因此，每一位有良知的教师都在自己的专业领域默默地耕耘，他们积极研读党的政策文件，广泛深入企业一线，努力探索新的教学方法。案例教学法有效地把幼儿园的一些场景"浓缩"进了课堂，它有助于缩短理论与实践的距离，让学生未进入幼儿园就能够接触"幼儿园"。相信对于这样的教学方法，教师没有理由不选它。

此外，案例教学法摆脱了传统的理论知识讲授的做法，使文化基础比较薄弱的学生也能接受。同时，案例教学法要求学生以平等的身份积极参与其中，教师不能再以行政命令的方式管理课堂，而是要微笑、鼓励和赞赏，这有利于让教师走进学生的心中，缩短"代沟"，激发学生的兴趣，增强学生的自信心，

可以让学生管理好自己，从而让学生更加满意。

三、案例教学设计的基本思路

（一）明确教学目标

目标是方向，是靶心。明确教学目标是实施案例教学的第一步。按照巴赫的理论，我们可以将教学目标分为行为目标和过程目标两类。

第一，行为目标。行为目标也被称为操作目标，是指以具体的、特定的、可见的、直观的、可测的、可操作性的行为方式陈述的课程目标。它进一步明确了学生在学习结束后，应该会做什么，需要达到什么样的程度。具体来说，它包含以下七个方面：一是具备根据特定的情景做出相关决定，而且善于把它运用到现实的工作和生活中的能力；二是思路较为清晰、连贯，逻辑性强，不断断续续，思维混乱；三是具备对情景中的问题进行深入剖析的能力，且能够言之成理，自圆其说；四是具备辨析与确认和案例紧密相关的核心要素，剔除那些无关紧要的细枝末节的能力；五是具有将定性分析与定量分析结合运用的意识和能力；六是不拘泥于具体问题，能够上升为更高的层次分析问题和解决问题，视野开阔；七是具备利用现有的素材和资料对情景中的问题进行系统和深入的分析，进而制定行动计划的能力。

第二，过程目标。过程目标是对学生提出的指标，要求学生亲身经历教育知识的发生发展过程。具体来说，包含三个方面：一是受教育者应该积极主动地参与到教学之中，而不是被动的不情愿；二是受教育者应该提前做好预习等课前准备，并能够把自身融入教学之中，成为其不可缺少的一部分；三是善于用言语阐明自己的思想观念。

（二）选择教学案例

案例在案例教学中的重要性不言而喻，它直接关系到案例教学的成败。我们在选择案例时，需要注意以下三点。

第一，注意内在的目的性与人本性。在案例教学中，不管是案例的选取，抑或是教学环节的设计，都是紧紧围绕教学目的展开的，离开教学目的就会失去方向性，即案例教学具有内在的目的性。内在的人本性，即在教学的过程中始终做到以学生为根本、为目的、为出发点和落脚点。在传统的教学中，虽然强调教学的目的性，但往往凸显的是教师的地位。案例教学要求以学生为本，以学生的发展为本，把"舞台"让给学生表演，充分发挥学生的主体地位。而教师仅仅是充当配角，是幕后的导演，他们主要负责课前的设计、课中的引导和课后的总结。

第二，注意选材的客观性。客观性也被称为真实性，它是和主观相对应的。选材的客观性是指选取的教学素材必须源于现实的生活实践，具有真实可靠性，不能凭空想象和主观臆断。在案例教学中，素材的选取必须具有客观真实性，这样才会让学生信服，从内心的深处真正接受。

第三，注意案例的典型性与适用性。典型性，即代表性，它以个体的存在方式反映同类事物的性质。案例的典型性是指编写或选取的教学案例能够反映某类事物现象的本质或者代表某类问题的解决。在案例教学中，案例的编写或选择必须紧扣教学目的和教学任务，能够体现本堂课的知识和能力的要求，具有代表性、典型性，不能以偏概全，更不能泛泛而谈。在案例教学中，案例的编写或选取不仅要注意典型性，还要注意适用性。所谓适用性是指在编写和选择案例时，要考虑到"接地气"，不能悬在空中，即最好选择发生在学生身边的事情，这样容易与学生拉近距离，激发他们的兴趣，收到良好的教学效果。

（三）案例教学实施阶段

案例教学的实施可以分为呈现案例、提出问题、独立探索、合作讨论和概括总结五个步骤。

步骤一：呈现案例。

呈现教学案例是实施案例教学的第一步，也是最为关键的一环。如果教学一开始，就不能引发学生的兴趣，将学生带入案例之中，那么后续工作将很难，甚至无法展开，因此我们必须高度重视呈现案例的环节。第一，抓好课前 3～5 分钟。正如一年之计在于春，一堂课开始的 3～5 分钟起着至关重要的作用。因此，教师要精心设计开场白，在课堂的初始就抓住学生眼球，吸引他们的注意力。第二，呈现案例的方式是多种多样的，教师应该依据学生的不同特点和案例的内容选择不同的呈现方式。按呈现方式，主要可以分为以下几种：一是文字材料呈现法，这是案例教学中最基本的呈现方式，即教师把课前准备好的文字材料发给学生，让他们仔细阅读，做好准备。二是教师口述法，靠的是个人的魅力，这种方法更适合那种表达能力比较强的教师，但要提醒学生做好笔记。三是学生讲述法，即从学生中选取代表，讲述案例。这和教师口述一样，也需要做好笔录，学生讲述有助于发挥学生的主体作用。四是学生预演法，即学生可以通过角色扮演、情景模拟等方式，让学生加深印象。五是音频视频法，即可以借助音频、视频等方式，为学生提供一个非常逼真、生动，引人入胜的情景。

步骤二：提出问题。

教师将案例呈现给学生之后，我们将进入案例教学的第二步，即提出相应问题的阶段。这个阶段要求教师紧紧围绕教学目标与教学任务提出相应的问题。我们在提出问题时应该注意以下几个方面：第一，问题有封闭性和开放性之分。封闭性问题的基本特征是答案具有唯一性，它主要适合检验学生对基本知识和操作程序的掌握情况；开放性问题的主要特点是答案具有多重性，只要言之成理即可，它有助于培养学生的发散能力，培养他们的创新思维。第二，问题要具有普遍性，应该面向所有学生，不要只是针对特定群体。第三，问题应该具有明确的导向性，不能产生歧义，误导学生。第四，问题可以使学生产生浓厚的兴趣，激发他们的求知欲望。第五，问题必须与教学内容密切相关，不能离题太远，甚至不着边际。第六，设置的问题要适合分组讨论，合作学习。

步骤三：独立探索。

在提出问题之后，下一个环节便是锻炼学生独立探索和思考的能力，这个过程是学生独立发现矛盾、解决问题的过程。那么如何锻炼学生独立思考的能力呢？第一，要懂得"留白"，为学生留下 5 ～ 10 分钟的思考时间。受传统思想的影响，教师对学生总是"放心"不下，认为学生不懂得思考，更不会思考，他们千方百计地想把自己"毕生所学"传授给学生。于是，出现了"满堂灌"的现象，学生在课堂上鲜有独立思考的时间。第二，要懂得"容错"，即允许学生犯错。学生毕竟经验较少，他们在经过独立的思考之后，可能会犯一些可笑的幼稚的错误，教师要能够心平气和地接受学生的错误，甚至主动给他们提供"试错"的机会，可能会收获意想不到的提升学生独立思考能力的效果，不能因为怕犯错误就因噎废食、望而却步。

步骤四：合作讨论。

合作讨论是案例教学的关键步骤，其中心任务是确立案例的主要矛盾是什么、我们应该采取什么样的策略解决矛盾、我们的实施方案是什么、它是否具有可行性。一般来说，案例讨论可以划分为一般讨论、辩论和研讨三种类型，我们主要采用前两种最基本的类型。为了研究方便，我们把合作讨论这个步骤又划分为以下两个阶段。

一是准备阶段。准备阶段也被称为热身阶段，在开始讨论之初，学生可能如"丈二的和尚摸不着头脑"，不知道把哪里作为切入点，这时教师要善于发挥引导者的作用。首先，为了便于讨论，需要进行分组。一般来说，一个团队3 ～ 5 人比较适宜。分组的方式可以让学生自由结合，这样的优势是大家都比较熟悉，可以畅所欲言，不必有所顾忌。也可以按照学生的基础知识状况、组织能力和性别的不同进行混合搭配。其弊端是可能由于彼此之间的陌生，不能进行深入的讨论。其次，教师要为学生提供一个宽松、开放、和谐的氛围，鼓励每个学生积极参与其中，特别是那些平时比较腼腆的学生。最后，教师要把握好方向，告诉学生教学案例的关键所在，以防止讨论偏离主题，各说各话。

二是深入讨论阶段。不同团队在进一步明确了案例讨论的关键和方向之后将进行深入讨论阶段，这个过程又可以划分为两个环节。①团队内部讨论。团队内部讨论也需要进行明确分工，如有的同学主要负责组织讨论，有的主要负责记录，有的需要代表本团队去发言。在团队内部讨论时要注意应该照顾到每个学生，鼓励每一个学生积极发表自己的观点，参与其中，最后形成本团队的初步方案。②团队之间讨论。尽管各个团队积极参与了讨论，但难免有不周之处，通过团队之间的讨论和交流，有助于碰撞出更多的思想火花，进一步细化和完善方案，最终形成案例分析讨论的结果。在这时，教师要注意适当地控制和引导，不要因为讨论过于激烈或个别同学用词不当而破坏良好的课堂氛围，影响同学之间的情感。

步骤五：概括总结。

合作讨论结束之后，案例教学的实施也接近尾声，但最后一步的概括总结不能忘记。如果缺失了这一环节，就如同画龙没有眼睛一样。在合作讨论后，教师要针对每一团队的发言给予正确的评价，如哪些方面做得比较好，哪些方面应该改进。但要注意的是，教师不能把自己的观点绝对化，须知讨论方案的答案往往不是唯一的，它只有更适合、比较适合和不太适合而已。在评价的过程中，教师要注意应该以鼓励和表扬为主，不能打消学生的积极性，对于那些表现比较好的、进步比较快的个别同学要给予更多的鼓励。

（四）教学评价反馈

从明确教学目标、选择教学案例到教学案例的分解，再到大案例教学的实施，为我们呈现了一个相对完善的教学过程，但这不算"功德圆满"，我们还必须对前面几个阶段的反馈情况进行总体评价，以便更好地总结经验，吸取教训，因为一个环节的结束意味着新的环节的开始。

四、案例教学在学前教育专业教育活动设计类课程中的应用建议

（一）建立学前教育案例库

案例库又称案例教学资源库。实施案例教学的前提条件是选择适当的教学

案例。一个好的案例可以引起师生的共鸣和热烈讨论，案例的质量和数量是影响教学效果最重要的因素。① 因此，建立案例库对学前教育专业实现案例教学具有非常重要的意义。一般来说，案例库可以分为案例素材库与案例教学精品课程库两种类型。案例素材库是指为教师编写和开发教学案例提供素材的资源库，这些素材可能以文本记录的方式存在，也可能以视频或图像的形式呈现，部分素材还可能是经过二次加工处理后的模拟片段。案例教学精品课程库即由经过层层评比选拔出来的教学案例组成的教学资源库。一般来说，它具有代表性，可以直接借鉴。但教学案例资源库的建设是一个十分庞大和系统的工程，案例从最初的筛选、搜集一直到最后的整理、构思、编写需要非常强的分析能力和写作能力，单纯依赖一个人或几个人很难实现，所以需要学校牵头，甚至几个学校通过合作的形式建立共同的教学案例库。

（二）提升教师综合素质

教师综合素质的提升最先体现在对案例教学法的运用上，因此对于一些认知不足的青年教师，需要针对案例教学法展开系统的培训。第一，坚持"请进来"与"走出去"相结合的原则。"请进来"即聘请案例教学法方面的专家，到本校来进行专题讲座、培训或现场指导。"走出去"主要是指积极参与各机构、协会或行会组织的案例教学法方面的培训和交流活动以及观摩其他兄弟院校的案例教学公开课等。 第二，鼓励教师参加案例设计大赛或案例教学大赛，同时学校可以自发组织此种类型的大赛，实现"以赛促教""以赛促学"，让教师的案例设计以及教学水平在大赛中得到提升。

此外，除了提升案例教学法运用的能力，还应该提升教师的内在素质。一是注重灵魂的净化，提高思想道德素质。教师被誉为灵魂的工程师、道德楷模，因此我们必须树立爱岗敬业的职业道德风尚，为学生树立榜样的作用。二是提高教师教学的艺术性，如语言的幽默性、内容的趣味性以及教师掌控课堂的能力和技巧等，让教师深深地感染学生。

（三）建立师生考评激励机制

所谓激励机制是完成激励的手段，是实现绩效的方法和途径，它包括内在激励和外在激励，前者泛指荣誉激励、成长激励、责任激励，后者主要是薪酬激励。健全的激励机制有助于调动人们的积极性，最大限度地挖掘人们的潜能。

---

① 刘伟成.物流工程硕士专业课程案例教学资源库建设研究[J].物流技术，2015，34（3）：303-305.

从教师的角度来看，案例教学的准备过程较烦琐，时间花费较多，课堂进度不好掌控，易造成教学任务不能完成，这使有的教师不愿意采用案例教学法。为了充分调动他们的积极性、创造性，激发他们的活力，可以从物质和精神两方面给予奖励。一是物质方面的奖励。对于那些肯下功夫且兢兢业业研究案例教学的教师，给予资金方面的扶持；对于那些获得比赛大奖的教师，加大资金方面的奖励。二是精神方面的鼓励。有时受学校财政的影响，物质上的奖励是有限的，因此精神上的鼓励应该是更重要的手段，并且这些刻苦钻研的教师更渴望得到别人的尊重，特别是领导的认可与肯定，所以我们在教师节时可以给这些教师颁发荣誉证书，重点进行表扬。此外，在评聘职称时，可以向这部分教师倾斜。

从学生的角度来看，学生是案例教学的"主角"，因此激发他们的主动性，充分发挥他们的主体地位非常必要。第一，鼓励学生进行竞争，展开竞赛，如在分组讨论环节，可以在团队与团队之间通过评选"最佳优秀团队"的方式促使他们积极表现，展开激烈竞争。但要注意游戏规则的公平公正，教师要事先做好预案。第二，树立典型，发挥榜样的作用。榜样的作用是无穷的，它具有导向作用，我们可以选择那些踊跃发言、表现积极、在同学中口碑较好的人为榜样，进行公开的表扬和鼓励。第三，建立与期末考试挂钩的评价体系。俗话说"分，学生的命根儿；考，老师的法宝"。教师要充分利用这一"法宝"，将学生的课前准备情况、课上发言和讨论情况以及课后完成作业的情况都进行具体量化，计入期末成绩。此外，对于那些成绩突出的学生可以给予一定的物质奖励。

第二节　模拟教学在学前教育专业教育活动设计类课程中的应用

一、模拟教学法的概念

对模拟教学法的概念先从字面意思上来理解。《现代汉语词典》对模拟的解释是"模仿"，对模仿的解释是"照着某种现成的样子学着做"，所以从汉语字面意思来理解模拟教学法可以是"在教师的引导和帮助下，学生通过运用知识照着某种现成的样子学着做，以巩固知识、形成一定技能技巧的方法"。

概念解释的核心词为"做"，那模拟教学法就是以学生的实践活动为主的方法，是实践性教学方式的一种。

笔者查阅相关文献相关书籍之后发现，虽然对模拟教学法概念的描述较多，但是许多研究者的出发点不同，对模拟教学法的描述也不尽相同。有的研究者从培养学生职业技能的角度，从培养学生职业综合素质的角度，尝试对模拟教学法的概念进行研究；还有的研究者是针对普教某一学科知识的学习与运用的角度来探讨模拟教学法。所以，对模拟教学法应用的课程不同，人们对其的解释也有差异，对模拟教学法的称呼也不尽相同，有人称其为"模拟游戏"，也有人称其为"角色扮演"。这里将搜集到的资料中较有代表性的表述做一个整理。

徐静从培养学生职业能力的角度对模拟教学做了解读，认为"模拟教学就是让学生在一种具有现场感、较高仿真度的专业工作背景环境中模拟未来职业工作岗位角色，在模拟的过程中要求按照真实的工作流程工作内容进行操作，最终巩固拓展学生的专业知识和提高学生职业技能素质"。[①] 这种定义适用于职业教育，它明确模拟的场景特点，明确学生的主要活动，对学生的学习结果有较明确的预设。李楚群在对模拟教学法的特点的研究中推崇美国学者罗博特·B. 利兹马等人对模拟法的界定："模拟法又称模拟游戏，是一种新近出现的学习活动课，通常要求游戏者设想各种角色，在某个假设的情境中活动，并依其角色的情境和问题做出决定。此法的用意是表现现实。它描述了现实生活过程，让学生在各种各样的情境中去感受这些复杂事物，逐渐把学习内容迁移、结合并应用到现实生活中。最大的优点是用模拟游戏教授较高级的技能，并影响学生的态度和价值观。学生有可能习得解决问题和做出决定的各种技能，以及此模型所依据的各种概念。"[②] 其站在游戏的视角对模拟教学法的过程、模拟教学法的优点、模拟教学法的作用做了高度的概括，这种解释下的"模拟教学法"对普教和职教的课堂教学皆适宜。有的学者认为"模拟教学法是一种以教学手段和教学环境为目标导向的行为引导型教学模式，使参与者在接近现实的情况下扮演某个角色，并和其中的人或事产生互动，以达到预期的学习目的"。[③] 虽然学者的定义不尽相同，但是对几个核心关键点是认同的，

① 徐静.模拟教学法的内涵阐释[J].苏州市职业大学学报，2005（1）：35-36.
② 李楚群.试论模拟教学法的特点[J].湖南科技学院学报，2007（10）：129-131.
③ 余丽霞.模拟教学法在《证券投资学》实践教学中的应用初探[J].四川省干部函授学院学报，2011（2）：80-83.

如"学生在模拟活动中成了另一个角色""学生的模拟活动是在一个特定的情境中进行的，这个情境是接近真实世界的""学生在模拟活动中按某种规则学习，最后能达到某种学习目的"。

笔者在结合前人研究的基础上，将模拟教学方法定义为：学生在无限接近某职业的环境中实践理论知识形成实践能力，对实践性知识进行自我构建的基于行动导向教学观的教学方法。学生在身临其境的环境中有可以重复练习的机会。这种方法主要是培养学生的实践能力。教学活动要以学生为主体，并且教师与学生都必须提前为模拟活动做筹备工作。具体来说，教师首先要确定学生参与课堂模拟活动的目的和要求，并且要让学生明确目的、理解要求；教师要全程指导，在课前要了解学生情况，为学生完成模拟任务提供指导，对学生筹备中出现的困难与问题要耐心启发与指导，对学生参与学习的过程做好考核监督；要想办法调动学生的参与积极性；要引导学生进行自我监督、自我检查和自我评价，对模拟活动的实施还要提供适宜的条件，对模拟活动的效果要及时有效地反馈，增强学生的学习兴趣和信心。

二、模拟教学的三个阶段

"幼儿园教育活动设计"课程主要指向健康、语言、科学、社会和艺术五大领域教育活动的设计，在每个领域的教学中，模拟教学都会分为三个阶段进行。

（一）临摹阶段

临摹是学生观摩、评析幼儿园优质教育活动，整理教育活动方案，将教育活动整体再现的过程。临摹阶段是模拟教学的初级阶段。通过临摹，学生感受某领域教学的特点及教育教学策略。优秀教师的教学语言、语态、活动的组织形式等也为学生提供了榜样。

（二）翻课阶段

所谓翻课，是指直接借用现有的幼儿园优质教育活动方案进行模拟教学活动。由于活动方案是静态的文本，学生需要在深刻理解活动设计者的活动背景与设计意图的基础上，才能顺利地将其转化成动态的实践过程。在翻课过程中，学生不仅要知其然，还要知其所以然，深化理解某领域教育活动设计的原则、方法、程序及指导策略，把握该领域的理论性知识。

（三）自主创编阶段

自主创编是模拟教学的最高阶段，是指由学生自主选择活动名称、自主设计教育活动方案、自主练习，完成完整的模拟教学活动。这个阶段是专业知识、专业能力及个人素养的综合体现，也能体现模拟教学小组成员的专业理念与师德师貌。

这里以"幼儿园体育活动的设计与指导"一课做教学示例。在理论教学中，充分运用讲授法和范例法，结合体育活动《跳跳袋》介绍、分析体育方案的设计原则、书写格式与指导要点。在学生理解、掌握理论的基础上，模拟教学按三部曲设计如下。①临摹阶段：根据已观看的优质体育活动方案，再现大班体育活动《跳跳袋》，重点考查学生对体育方案的把握情况，充分体会体育活动的三段式结构。②翻课阶段：理解、探讨教材中提供的体育方案《好玩的易拉罐》，完成模拟教学活动，重点考查学生对体育方案的理解程度及对体育活动的三段式结构、指导策略等的把握情况。③自主创编阶段：以《幼儿园教育指导纲要》的健康领域目标和幼儿园健康教育活动的年龄目标为依据，自主选择年龄阶段与教学内容，根据设计原则自主设计体育活动方案，并进行模拟教学，综合评析学生设计的活动方案、教学过程与教学策略以及教学效果。可以看出，模拟教学的三个阶段对学生的要求逐一递进，循序渐进地提升了学生对领域教学的理解与教学实践能力。

三、模拟教学的程序

在模拟教学前，学生需要学习、掌握教育活动的特点、目标与内容的选择原则、过程设计、指导方式以及评价方式等相关知识，在理论学习的基础上开展模拟教学。模拟教学的程序如下。

（一）成立小组，布置任务

将学生分组，每组 10～15 人，在完成某一领域教育活动设计的理论学习之后，布置模拟教学任务。模拟教学的任务在临摹阶段、翻课阶段和自主创编阶段有所不同。

（二）理解消化，设计方案

小组自主决定时间、地点和方式，共同理解、讨论与设计方案。在学生撰写好教育活动方案后，教师需要运用课后时间进行小组指导，帮助他们设计出科学、合理的方案。在确定方案之前，学生通常都要结合"幼儿"的年龄特点、模拟教室的场地进行一次、二次甚至三次修改。

（三）活动准备，试教打磨

小组自行分工，进行活动前的准备。活动准备主要包括制作玩教具、环境布置与场地安排，有的活动还需要制作多媒体课件。教师应尽可能多地为学生提供模拟教学的场地，让学生可以自主进行试教。

（四）现场实战，模拟教学

根据设计好的方案展示完整的幼儿园教育教学活动，并对模拟教学课堂进行全程录像。在这个过程中，其他小组成员和教师需要对活动过程进行详细记录，以备评议。

（五）视频再现，评议反思

教育反思能力已经成为幼儿教师必备的专业能力之一。模拟教学后的评议能有效培养学生的教育反思能力，提高学生的专业素养。评议包括教学自评、教学他评和教师评价，改变了传统的单一的教师评议形式。教学自评是请执教者和本组成员介绍本组的方案设计思路，并进行活动反思，发现教学过程中存在的不足，这是学生自我认识和提高的重要途径。教学他评是其他小组成员对理论知识和实践知识综合运用的过程进行总结性评价，提升学生的教学实践经验。在评议过程中，再现视频可以让执教者和小组成员以旁观者的角度观看视频，便于发现问题与自我反思。教师和其他小组成员在模拟教学活动之后，填写并提交模拟教学评价表（见表3-1），从多角度进行评分。

表3-1　"幼儿园教育活动设计"模拟教学评价表

项目内容	评价标准	参考分值	评分
教学目标	目标明确、具体，适合幼儿实际	10	
	在学习过程中，注重培养幼儿的创新意识	10	
	注重幼儿的全面发展和良好行为习惯的培养	5	
教学内容	内容正确，切合幼儿实际，具有挑战性	5	
	教学难度与容量适度，有利于幼儿长远发展	5	
	注意知识的整合，注重综合性、趣味性、活动性	5	
教学策略	活动组织有序，层次清晰，重点突出，有节奏，时间安排合理	5	
	能充分发挥幼儿的主动性、参与性和可操作性	5	
	教学环节的设置科学、有创意，整合度高，艺术性强	5	
	教学手段和方法得当，注重幼儿的主动学习，留给幼儿充分的参与学习的时间和空间	5	

续　表

项目内容	评价标准	参考分值	评分
教学素养	充分尊重幼儿，面向全体，注重幼儿个性的发展	5	
	合理引导幼儿操作实践、合作交流、自主建构，注重培养幼儿的问题意识，鼓励创新	5	
	注重提问的有效性，课堂教学效率高	5	
	教师驾驭课堂能力强，恰当运用生成性资源，有较强的应变能力	5	
	教师用普通话教学，教态亲切自然，语言简洁、准确、生动，操作演示正确熟练	5	
教学效果	课堂气氛民主和谐，张弛有度，收放自如	5	
	注重学习习惯和学习兴趣的培养	5	
	幼儿学习积极主动，参与率高	5	
综合评价	总分： 简评：		

（六）调整方案，展现新貌

即使到评议环节，模拟教学也并没有结束。教师要求模拟小组成员根据自我反思与他人建议，调整活动方案，可以根据调整后的新方案重新进行模拟教学。这样，学生便能在"行动——反思——再行动"的过程中获得专业水平的提高。

四、模拟教学在学前教育专业教育活动设计类课程中应用的建议

（一）对课程设计的建议

1.加强监督

在研究中笔者发现，虽然模拟教学具有很好的培养效果，但是在具体实施过程中，特别是到了后期，容易产生学生懈怠的问题，训练过程中发现的问题也不能很好地得到落实。因此，笔者建议加强监督与督促，保证学生能够更加重视模拟教学训练，更好地落实改进。比如，可以在期中和期末进行讲课考核，成绩计入最后课程成绩；也可以在增加课时的基础上，针对以往的教学进

行修改和反思，这样不仅可以让学生重视修改反思，起到督促的作用，还可以更好地落实需要改正的问题。

2.聘请幼儿园的优秀教师

模拟教学可以让学生体验课堂教学，提升自身的教师素养。特别是在教学方面，学生通过训练，教学能力有明显的提升。但是，这只是一种模拟的训练，并不是真实的。笔者在访谈交流中，整合大家的意见，认为可以聘请幼儿园优秀教师进入模拟教学的课堂之中。这些优秀教师有很好的教师素养和教学经验，对学情又非常了解，让他们参与到课堂教学中，可以针对学生的情况提出更实际的教学建议。

（二）对学生的建议

1.端正学习态度，重视模拟教学训练

模拟教学虽然有很好的培养效果，但是如果参与训练的学生态度不端正、不重视，那么自身的教师素养也很难得到好的发展。毕竟模拟教学只是一种较好的培养方式，最终促进自身发展的决定因素在于自身的努力。因此，每一位学生都需要端正自身的学习态度，积极应对模拟教学的环节，这样才能促进自身更好地发展。

2.注重个人的学习积累

学生之间的自身素养、知识储备、教学技能等都存在差异，在通过模拟教学训练发现自身存在的问题后，就需要积极地学习改进，培养自主发展的能力。利用课余时间，多读一些与幼儿教学相关的书籍、作品、期刊等，增加知识的积累。注重实践能力和教学活动设计能力的培养。针对自身教学技能的不足进行训练，如练习板书、普通话等，不断提升自己的教学技能。在课后的反思环节，要用心总结，不要流于形式，不仅要发现自己身上存在的问题，还要努力改进，这样才能实现真正的发展。

3.建立模拟教学训练小组

经过课上的学习，学生已经对模拟教学有了深入的了解和体会，通过课堂训练在教师素养方面也有很大的提升。但是，课堂上的锻炼机会是有限的，想要更好地发展自己的教师素养，仅仅靠课上的练习是不够的，还需要在课下进行强化训练。

除了自我学习，笔者认为还应该建立学习小组，结合模拟教学的方式，进行课堂以外自发的模拟教学训练。由于模拟教学在实施中并不复杂，学校有公共教室可以提供模拟教学的场地，手机可以进行录制，完全可以在模拟训练小组中深化自身教学素养的发展。课外三五个同学组成一个小组，进行模拟教学训练，并进行评课和反思。如果时间和精力充足，还可以进行小组竞赛，在相互学习鼓励中，激发自身的学习热情。通过这样的模拟教学训练小组，可以弥补课时不够、讲课机会较少的问题，培养学生自我发展和与同伴协作的能力，对今后的教师专业发展有积极的意义。

（三）对促进教师提升的建议

模拟教学方法的实施效果一定程度上受教师素质的制约，而对这种重要的实践性教学方法的恰当应用离不开教师的专业成长，因此，在职教师的专业成长就显得尤为紧迫和重要。

1.以"研"促成长

要提高教学质量，仅凭教师的责任心、上进心和努力是不够的，还需要用教育教学理论知识、教学技能技巧及教学智慧来武装教师。学校的"教研"就是武装教师的阵地。

（1）努力创建研究氛围。学校领导积极参加各类一线教研活动，并适当参与并完成一定的教研任务。学校要建立科学的激励机制鼓励全员积极参研。对教研组的各种"研究成果"予以奖励。评选优秀教研组，评选标准与教研组的具体工作落实情况挂钩，与教研组成员的"研究成果"挂钩。学校对优秀教研成果予以评比并进行宣传展览。职称评定、年终绩效、评优评先都要与"教学研究"成果挂钩。

（2）丰富教研形式及教研内容。让阅读成为深化教研活动的起点。阅读能滋养心灵，开阔眼界。阅读是促进教师不断成长的源泉。组织教师研习教育教学理论、与学科及行业发展相关的书籍，还要阅读走在教育教学研究前沿的各类重要核心期刊。教研组成员一人一本读书笔记，固定时间大家一起交流汇报各自的阅读情况。尤其是针对实践教学中出现的问题，教师可从阅读中寻求教学方法改革的理论支撑，寻找教学方法改革的途径方法，写读书笔记及研讨心得体会，与成员一同研究，互通有无。把这种基于问题的阅读作为一种约定俗成的方式坚持下去。坚持教育理论书籍阅读，让"理论"指导"实践"，而不是盲目工作、盲目思考，为后续的各类型教研活动的有效开展夯实理论基础。各类最新研究成果阅读为教师打开一扇窗户，拓宽教师看问题的视野，拓展教师解决问题的能力，为推动"教研航船"顺利前行积蓄力量。

（3）组织关于"模拟教学"的课题研究、课例研究。没有教学的研究就无法提高教学质量。没有对"教学方法"的深入研究，就不能提高教学方法选用的有效性，也会导致学习效果的无效。以集体的力量来开展课题研究。首先，教师应搜集自己在进行模拟教学中存在的问题，将亟待解决的问题且具有普遍意义的问题提炼出来，作为组内的课题研究。来自教师困惑的研究问题能激发教师研究的动力。其次，教师们大量查阅资料，集体讨论，群策群力，探寻解决的策略，对策略进行研究，发现问题后反思、总结，再改进。

课例研究是在教师彼此合作的基础上，对集体参与课堂中教师教与学生学的行为的研究，通过集体研究与反思，促进教师积累更多的教学经验和改善学生的学习经验。所以，课例研究可以促进教师改进课堂教学，从而提高课堂教学效益，提高学生学习效果。课例研究的整个过程包含备课、说课、上课、观摩及评课。首先在研究模拟教学法的过程中要根据实际选择主题。例如，是关于模拟教学的准备还是实施与反馈阶段，或者怎样调动学生参与模拟活动的积极性，模拟活动中教师怎样有效地"指导与引导"等主题。其次，全员参与设计教案初稿。大家集思广益，将自己对实践教学的理解、对实践教学中教材内容的处理以及对学生现有情况摸底进行一次大讨论，最终形成一个教案，囊括众人的想法。再次，由一位教师执教，其余人员全程参与上课准备、观摩以及课后的反思过程。观课教师将集体教案作为观察依据，对每一个环节学生参与学习的反应进行详细的记录。其次，大家集体反思。针对初稿方案中存在的问题谈看法并进行重新修订。新教案出炉后，由另一位教师在另一个班再上一遍，然后大家再修改。最后，小组成员总结反思得失，以及对今后教学的启示。

2. 以"培"促成长

学校要为教师的专业成长提供各种机会。学校根据职业教师来源的不同、教龄的不同以及教学水平的不同实施有针对性的在职培训。

（1）对"新"教师要进行培训上岗。此处的"新"教师包括职业学校的转型教师以及新上任的教师。学校应负责对他们进行较为系统的学科专业知识的理论培训与实践培训。对转型教师要开展传、帮、带的活动，有"师傅"专门指导教学工作，而转型教师必须到"师傅"的课堂上听课，同时接受"师傅"的督导，在"师傅"指导下进行备课。要求转型教师定期上公开课，接受大家的指导工作。学校应提供相应机会，如安排专家指导，安排转型教师到高一级院校深造，安排转型教师到行业学习。

（2）落实"双师型"教师培训，提高教师的实践能力。若教师不具备一定的行业实践能力，则无法有效地在实践性教学中对学生进行指导辅导，学生的学习质量也无法得到保障。有效实施模拟实践教学的基本前提是必须有集理论与实践经验于一身的双师型教师。恰恰教师的实践经验和实践技能状况是职业教育的短板。所以，制定提高教师实践能力的方案势在必行。

（3）将教师"送出去"。将教师"送出去"，就是把教师送到行业单位进行实践学习。根据学校的实际工作安排，将教师派到相关单位或企业进行长期或短期的专门学习。目的在于让教师熟悉行业的工作流程，让教师亲身体验行业的实际工作。在行业实践学习阶段，由行业的骨干教师进行指导学习。例如，"幼儿园教育活动设计"课教师可以在幼儿园直接带班，做幼儿园教师所做的一切事情。平时要随时写实践心得体会，多总结。在幼儿园多参加幼儿园的教研活动，与幼儿园教师一起研究幼儿的特点，一起研究设计幼儿活动的方案。这样教师才能成为真正的双师型教师，才能真正理解幼儿园教育，才能促进教师有效地思考应该培养学生哪些实际的操作能力，才能在学生的模拟训练中给出具有现实意义的指导。

第三节 情景教学法在学前教育专业教育活动设计类课程中的应用

一、情景教学法的概念、要素及特点

（一）情景教学法的概念

1.情景

很多学者根据自己的专业知识对"情景"提出了不同的看法。在教育学领域，《教育大辞典》对情景进行了如下定义："情景象征互动论是分析人际互动过程及学习行为的一种环境和背景，它提供给学生思考空间的智力背景，产生某种情感体验。"从心理学进行分析，情景表现为多重刺激模式、时间和对象等，对人有刺激作用，有着生物学意义和社会学意义。从社会学角度看，情景指一个人正在进行某种行为所处的社会环境，是人的社会行为产生的条件。也就是说，情景是"情"和"景"的有机结合，一方面，从"情"出发，调动学生的情绪，进而产生一定的情感体验；另一方面，以"景"塑情，凭借形象性来激发学生的兴趣，使学生进行丰富的想象和思考。因此，在本教学实验研究中重点突出"情"和"景"的运用，不仅包括实验班级教学情景的针对化设计，还包括对照班情景的常态化设计，突出情景教学法的特点。

2.情景教学法

情景是情景教学的基础，也是情景教学法实施过程的主要内容。关于情景教学法的理解，很多学者给出不同的解释。首先，《教育大辞典》对"情景教学"采用了以下表述："情景教学就是运用具体生动的场景，以激起学生主动的学习兴趣、提高学习效率的一种教学方法。"美国学者布朗、科林等提出："知识只有在它们产生及应用的情景中才能产生意义。知识绝不能从它本身所处的环境中孤立出来，学习知识的最好方法就是在情景中进行。"我国教育学者何克抗等人认为，情景教学法是指创设含有真实事件或真实问题的情景，学生在探究事件或解决问题的过程中自主地理解知识、建构意义。韦志成认为，情景教学法是从教学的需要出发，创设以形象为主体，富有感情色彩的具体场景或氛围，激起和吸引学生主动学习的一种教学方法。李吉林认为，情景教学法就是从"情"与"景"、"情"与"辞"、"情"与"理"、"情"与"全面发展"的辩证关系出发，创设典型的场景，激起儿童热烈的情绪，把情感活动和认知活动结合起来所创建的一种教学模式。①

虽然不同的学者对情景教学法有不同的表述方式，但都是以情景的创设为主要内容，以"情"为纽带，以"景"为背景，通过各种生动、具体的生活环境的创设，为学生的主动参与、主动发展开辟了现实的途径。

（二）情景教学法的要素

关于情景教学法的构成要素，国内外有很多种观点。比较流行和被认可的观点认为，情景教学法有学生、教师和内容三个构成要素以及目的、方法和环境三个影响要素。

1.构成要素

（1）教师。教师是情景教学的关键因素。教师能否精心设计出情景教学取决于教师能否熟练驾驭知识，能否深刻领会教材内容。如果不能熟练驾驭知识，不能深刻领会教材内容，教师就不能感染学生，不能唤起学生强烈的求知欲。如果不能熟练驾驭知识，不能深刻领会教材内容，组织情景教学必需的材料和部件也就变成空谈。即使运用了先进的多媒体等教育技术手段，也达不到应有的效果。

（2）学生。学生是情景教学的主体。教师在进行情景教学之前要做到充分地了解学生的知识结构、心理特质和心理活动等，然后有针对性地通过创设情景来吸引、打动学生，让他们在生活和职业情景中感悟、生成认识。

---

① 曹秀慧.情景教学法在幼儿健身操教学中的实验研究[D].济南：山东师范大学，2014.

（3）教学内容。教学内容包括，在学校里学生接受的知识、技能和思想观点，以及养成的习惯、行为等方面。各种知识是最常见的教学内容。一般将知识分为陈述性知识、程序性知识和策略性知识。教师对课程标准以及教材的深刻理解会形成对知识内容的合理的组织。合理安排是内容设计的要点，教师要考虑如何合理地表达或呈现教学内容。教学计划的主体部分就是教学内容。而教学目标决定教学内容的设计。

2.影响要素

（1）教学目的。目标是情景教学的核心。教师必须明确认识到要依据教学目标来创设情景。离开了目标，情景教学就失去了应有的意义，就变成无根之木，无源之水。教师必须从教学目的出发，通过精心的设计来设置情景。

（2）教学方法。所谓教学方法指的是教师与学生在教学的整个过程中运用一定的方法和手段实现教学目标，完成教学任务的总称。教学方法，分为教和学两个方面，即教师教的方法（教授法）和学生学的方法（学习方法）。学习方法决定了教授方法，否则教法缺乏针对性和可行性，会影响预期效果。在教法与学法中，教法处于主导地位，这是由教师在教学过程中处于主导地位决定的。

（3）教学环境。教学环境一般包括设施环境、时空环境和自然环境三个方面，体现在班风、课堂气氛、情感环境与师生关系等。丰富个性化的环境能够起到教育学生的作用。因此，教师要提供一个有准备的环境给学生。有研究发现，师生的身心健康和教学成效受到不同的教学空间组织形式和空间密度的影响。两个最重要的教学空间变量是班级规模和座位编排方式。班级规模是关系到教学空间密度的因素，主要指班级内学生的人数。

（三）情景教学法的特点

情景教学法是一种具体和直接的方法。教师将教学课堂设置成和学生切合度很高的情景，提高学生的学习主动性，它具有以下几个特征。

1.情景教学法具有具体性

情景教学法是教师根据具体的教学内容，在教学课堂上结合社会的具体生活场景，运用课堂这个途径，为学生营造一个具体的、形象的、直观的学习环境，能激起学生参与教学活动的兴趣。需要注意的是，无论教师是根据何种情景设置学习环境，这个环境和手段都需要通过具体的物件，如多媒体、一些特定的道具等。

2.情景教学法具有形象性

情景教学是集声、形、色于一身的教学方法。课堂情景的创设是教师通过信息技术、音响设备、图画、具体的事物等，让学生身临其境，通过多个维度去观察和认知学习的对象。

3.情景教学法注重寓教于乐

陶行知认为："学生有了兴趣，就肯用全部精神去做事，学与乐不可分。"学生在学习的过程中，兴趣是最好的老师。学生通过情景的创设，能够更加真切地体会到学习对象的各个特点，从而沉下身心，努力学习，不断对学习对象进行深层次的研究。

二、情景教学法在学前教育专业教育活动设计类课程中应用的价值

"幼儿园教育活动设计"课程是一门实践性较强的课程，它包含幼儿园日常生活活动的设计、幼儿园教学活动的设计、幼儿园游戏活动的设计。在学习的过程中，需要学生应用已学的理论知识和实践技能进行设计，而情景教学法是许多实践经验的总结和升华。很多学者对其进行研究，都发现了其在教学中的优势。那么，情景教学法应用在"幼儿园教育活动设计"课程教学中有什么价值呢？笔者认为有以下几点。

（一）契合"幼儿园教育活动设计"的课程特点

"幼儿园教育活动设计"课程是学前教育专业基础课，它介于专业理论课和专业实践课之间，是一门融合学前教育理论与学前教育实践的课程。其主要包括幼儿园教育活动设计中的目标和内容，教育活动环境的创设，教育一日活动的组织、实施与评价等内容。它注重学生实际训练，与学生的技能训练、观摩学习、实践练习、模拟练习等共同构成实践课程体系，并运用丰富的幼儿园教改成果，整合了多门学科的内容，突出体现了理论与实践结合的理念，从而更好地丰富学生的实践经验。而情景教学法的选择，恰恰体现了"以学生为主体、教师为主导，关心每个学生，充分发挥学生的主动性"的课程理念。特别是在建构主义学习理论的影响下，教学中既强调以学生为中心设计学习环境，又强调学生学习的主动性、情景性及社会性。可以说，情景对课程意义的建构具有极为重要的作用。

（二）能够很好地实现课程教学目标

情景教学法注重学生实际训练，在理论教授的过程中，还需要加强实践技能的练习。因此，教学目标的定位就偏向于学生的操作。例如，能够准确地

表述幼儿园教育活动目标、选择适宜的教育内容；能够利用废旧材料自制玩教具，会装饰幼儿园室内、室外环境；能够把所学的原理、原则、方法等运用到具体情景中，分析、说明、解决教育教学中的实际问题；掌握教育活动设计的相关技能，设计各种教育活动，能够对幼儿园的各种活动设计进行理论和实践方面的评价等。而这些目标的实现，就要借助一定的方法。情景教学法是教师基于教育目标和教学内容而引入或创设一定的学习环境，让学生在真实或逼真的场景或氛围中学习。因此，在"幼儿园教育活动设计"课程中应用情景教学法，能够活跃气氛，能够达到使学生积极主动参与到学习过程中，较好掌握相关知识的目的。

（三）能够满足教学内容的需求

一般来说，幼儿园活动设计课程包含的内容主要指幼儿园一日生活中的生活活动、游戏活动、教学活动。而这三大内容又可以细化为入园、晨检、早操、教学活动、户外活动、游戏活动、饮水、盥洗、餐点、睡眠、交接班、离园等多项小活动。这些内容在活动设计中又隐含在五大领域的教学中，如健康活动就会涉及晨检、餐点、饮水、盥洗、户外活动等内容，这些生活活动中都有对教师的常规要求和对幼儿的常规要求，而且都可以通过情景练习习得。教学活动中包含教学目标制定、内容选择、环境创设、活动评价、说课等内容，这些内容可以通过情景模拟或观摩学习来完成。游戏活动包括创造性的游戏和有规则的游戏，每种游戏类型的设计思路不同，教师的语言提示也有差异，而这些内容又可以通过在真实情景中的观察学习和练习获得。由此可以看出，幼儿园活动设计课中的内容细碎，需要教师有扎实的理论和实践功底，创设一定的教育情景，让学生深刻领悟到幼儿园的教学在生活中无处不在。通过情景教学，激发学生的问题意识，增强学生的学习内在驱动力，让学生在获得知识的同时收获技能。

（四）符合学前教育专业学生自主学习的需要

作为较高阶段的学生，已经掌握了一定的学前教育理论知识和技能，同时通过实习，具备了一定的幼儿园实践经验，要展现幼儿园教育技能的自我意识开始凸显，有自己独特的想法和个性。他们渴望在课堂上学到一些贴近幼儿园实际的方法、技能。情景教学符合学生特点，能促进学生的全面发展，充分展现学生的个性，能够使学生积极主动地参与到学习过程中，最大限度地提高学科教学实效性，是培养学生思维能力的重要途径。而情景教学的运用能够极大地激发学生的学习热情、调动学生的情感，使他们以高涨的情绪投入学习中，达到事半功倍的效果。此外，一些学前领域的社会情境和热点问题的讨论，也能逐步培养学前教育专业学生形成正确的职业道德观。

三、情景教学法在"幼儿园教育活动设计"课中的实施方式

高师院校培养学前教育专业学生的直接目的是为幼儿园及幼教机构输送专业化的人才。因此，高师院校对学前教育专业学生的要求是学生毕业参加工作后能直接从事幼儿园教育教学方面的工作。在日常教学过程中创设真实、有效的职场情景，结合课程内容，借助多媒体、图片、实物、故事、音乐、身体语言等手段，创设教学情景，启发学生的形象思维，帮助学生理解、掌握具体的知识技能，以达到情感、表达与行为的一致。

（一）校内情景教学

在校内的课堂教学中，情景教学法的情景创设没有固定的模式，笔者按照"幼儿园教育活动设计"课中的内容设计不同的情景，主要分为以下五个方面。

1.学生以角色扮演融入情景

角色扮演是情景教学中重要的教学手段，是在教师的指导下，创设教学内容所需要的具体场景，让学生在模拟的工作环境下扮演一定的角色，进行技能训练的一种方法。在"幼儿园教育活动设计"课程的教学中，可以让学生以自己的实际行动来打造情景，如在模拟课堂的角色扮演中，有的学生扮演教师，有的学生扮演幼儿，而扮演教师的学生就要按教师的要求规范自己的行为，扮演幼儿的学生先要了解不同年龄段幼儿的特征，然后逼真地扮演出该年龄段幼儿的身心发展特点。

笔者在"幼儿园教育活动设计"的实践教学中，会先说明我们的扮演要求和意图，然后让学生自由分组（7～8人一组），由小组成员在共同讨论协商的基础上选择自己比较感兴趣或五大领域中自己比较熟悉的内容作为自己的角色。经过小组成员集体商讨，搜集资料，编写教案，最后各小组推荐1名成员扮演教师进行班级授课，其余6～7个同学扮演幼儿。组织实施完毕后，由学生和教师进行评价。通过角色扮演，不但活化了课堂教学形式，而且帮助学生巩固知识，加深对教学内容的理解，培养了学生多种能力。

2.创设直观教学情景

在"幼儿园教育活动设计"课中，可以通过实物演示、呈现真实案例、运用多媒体资料等手段进行情景创设。在教学中，实物演示是经常使用的方法，就是把教学道具或实际物体拿到课堂中，冲击学生的视觉、听觉，吸引学生的

注意力，从而调动学生的兴趣。[1] 例如，在幼儿园健康教育活动中，为了使学生了解幼儿投掷方面的能力，在训练中学生可以用沙包、皮球来进行练习，让学生掌握投掷的技能。又如，可以让学生用废旧材料（易拉罐、可乐瓶、报纸等）开展小型的体育活动。另外，在教学中，呈现真实案例也是创设情景的方法之一。随着信息化时代的到来，我们越来越注重多媒体带给我们的便利条件。在课堂中，我们也可以选择多媒体设施创设一定的情景，通过声音、动画、图像等形式将知识更加直观、生动地展示给学生，从而更好地激发学生的兴趣，让学生能够更加轻松地参与到学习当中。多媒体资料有效弥补了传统教学的枯燥乏味，使课程做到视听结合、情景交融，让学生更好地理解相关内容。例如，可以在网上下载一些幼儿园优质课供学生观看，并进行分析和学习。在环境创设的教学中，可以通过 PPT 播放幼儿园创设的精美图片。在语言活动设计中，可以下载网络上的视频故事，让学生在真实的情景中积极主动地去感悟幼儿教师的语言技巧。

3. 以游戏方式开展情景教学

游戏是幼儿园的基本活动形式，怎样让学生把游戏融进幼儿园的一日活动中，也是我们在教学中需要思考的问题。

在体育活动中，可以通过"老狼老狼几点了"，使学生掌握幼儿四散跑的指导要点和技能。在科学活动中，通过"秋风扫落叶"的游戏，使学生明确游戏活动与教学活动的有机融合。在语言活动中，可以通过"水果接龙""成语接龙"等游戏，锻炼学生的认知思维能力。在游戏活动中，可以通过"萝卜蹲"游戏，锻炼学生的反应能力。所以，在课堂中用游戏方式开展情景教学，主要是为了增强学生对幼儿园一日活动的感知，了解幼儿学习方式，在以后的教学中，能更好地贯彻"游戏是幼儿园的基本活动形式"的思想。

4. 问题情景启发学生思维

问题有助于学生认知思维的发展。以问题为重心开展的教学活动的方法，就是问题情景教学。问题情景教学要求教师从教材着手，结合教学实践中的实际需要，通过提出问题，唤起学生探求知识的强烈欲望，进而引领学生进行探索，最终实现可以通过解决问题来领悟和把握知识的目的。[2]

在"幼儿园教育活动设计"课的教学中，常常以问题为线索进行教学，教

---

[1] 张金宏, 石小燕. 情景教学法在高职大学英语教学中的应用与研究 [J]. 文史博览（理论），2013（11）：77-78.

[2] 袁帅. 初中化学情境教学的理论与实践研究 [D]. 延吉：延边大学，2014.

师通过问题导入，使学生在学习过程中把知识与技能、过程与方法、情感态度与价值观融为一体，逐渐解决问题。当然，教师所涉及的问题要围绕教学目标与内容，不能太偏、太难，超出学生的能力范围，也不能太简单，应恰到好处。例如，教师在讲授"幼儿园教育活动计划制订"的教学内容时，先设计问题：为什么要制订教育活动计划？它对教师有哪些作用？教育活动计划有哪些？在制订活动计划时应该注意哪些问题？这些问题的设计是教师有意识地在学生头脑中搭建一定的知识框架，使学生在学习的过程中集中注意力，有意识地思考并解决这些问题，从而促进学生综合能力的发展。

（二）校外真实情景教学

1. 观摩学习

幼儿园的观摩学习是一种真实情景中的体验。当学生走进幼儿园，他们会怀着满腔期待，渴望观摩幼儿园一日生活的方方面面。首先，幼儿园教学环境大不相同。观摩学习是学生直接体验幼儿园真实教学环境的一种方式，这是在高校课堂中无法实现的。其次，教师的指导作用大不相同。幼儿园教师有丰富的实践经验，对于学生产生的疑惑，她们能有针对性地进行解答。再次，学生的主体地位不同。学校主要以理论讲授为主，学生实践教学很少，但在观摩学习中，学生学习的主动性增强，尤其是学生与学生之间的交流得到了充分的重视，学生的主体性得到了真正的体现。最后，学生的学习方式大不相同。在观摩学习中，学生更多的是以观察、思考、探究、发现、交流等方式进行学习，这就有效促进了学生专业理论知识与实践的紧密结合。

2. 教育实习

教育实习是高师院校课程的基本组成部分，也是培养合格教师不可缺少的职业训练环节。随着教育改革的深入，各类幼儿园对教师的要求大大提高，不仅要求幼儿教师具有良好的专业素养、合理的知识结构，还要具有较强的能力素养。[①] 因此，教育实习的开展有利于学生专业技能的提升，其质量关系着高师院校人才培养的效果。在教育实习中，实习基地能够严格要求学生，在学生的安全、实习任务和管理上都有明确的规定。在学生的实习过程中，实习基地的教师会本着认真负责的态度对每位实习生进行指导，耐心地解答实习生遇到的问题；实习生要做到遵守幼儿园各项规章制度，按时上下班，不懂就问，勤奋踏实，认真教学，虚心请教，而这些优良的品质会为他们以后从事幼儿园工

---

① 李玲. 高师院校学前教育专业教育实习的有效性构想 [J]. 中国成人教育，2010（2）：64-65.

作打下良好的基础。

四、"幼儿园教育活动设计"课程中应用情景教学法应注意的问题

(一)灵活创设教学情景

"幼儿园教育活动设计"课程包含幼儿一日中的生活活动、教学活动、游戏活动的设计与指导，由于教学内容的不同，教学情景也存在差异。为了保持学生的学习兴趣和积极性，教师在课堂上就要从实际出发，坚持理论与实践的结合，通过情景教学法为学生营造良好的学习环境，在教学中对学生多注意、多尊重、多关心和多帮助，才能让学生在实践操作中掌握操作技能。另外，教师要及时对学生进行指导、评价和鼓励，使学生始终充满学习的激情，让学生能够在愉快的环境中学习。

(二)注重学生的主体地位

情景教学法能够充分调动学生学习的兴趣和积极性，缓解学生的厌倦情绪，可以深入挖掘学生的潜能，培养学生综合能力。因此，教师在教学中要结合实际教学经验，不断提高自身能力，根据学生的实际水平，调动学生的积极性。在实施情景教学时要把握好"度"，始终将学生放在整个过程的主体地位，以学生为中心，强调学生对知识的主动探索与建构。教师应精心创设情景，引导学生通过实践、讨论和合作来学习教学内容，从而实现有效教学。

第四章　全实践理念下学前教育专业活动设计类课程体系构建

第一节　学前教育专业活动设计类课程实践教学的价值

一、满足社会实践人才的需求

（一）国家政策导向与实践教学指引

我国实践教学的发展与改革是与应用型高校的转型和发展密不可分的，而应用型高校的转型也与国家对应用型人才的需求息息相关。因此，为了满足对实践型人才的需求，国家会出台相应条款、意见、政策法规等指引高校的人才培养方向。实践教学作为应用型高校培养人才的核心，其方方面面也受到国家政策的指引与支持。

1.关于人才培养需求方面

社会对实践应用型人才的需求，是实践教学被重视的关键。《中共中央国务院关于全面深化新时代教师队伍建设改革的意见》提出必须要认识到兴国必先强师的重要性，要认识到师资队伍培养的意义所在；提出相关部门要制定相关政策，采取有效措施，按社会所需，定向发力，培养一批实践能力强的教师。2017 年 4 月，教育部等四部门发布的《关于实施第三学期学前教育行动计划的意见》提出必须要加强幼师培养的课程与教学的革新，提高教师实践能力。因此，当务之急就是建设一支人民满意、素质较高、专业性强的教师队伍。

2.关于实践教学标准方面

只有具备了一定的可操作性标准，实践教学才能有据可依，顺利实施。随着社会及高校对实践教学人才培养质量的高度重视，国家及相关部门也相应出台了一系列标准或意见规范实践教学及人才培养标准。例如，《普通高等学校本科专业教学质量国家标准》针对教育学类教学质量国家标准提出教育学类课程体系主要由理论课程、实践课程与毕业论文（设计）构成。其中，实践课程主要包括教育见习、教育实训、教育实习、教育考察、教育调查等，且所占比例不得低于总学分的 25%。此外，规定高校必须高度重视创新创业教育，必须将创新创业方面的实践训练也纳入实践教学环节中。例如，《幼儿园教师专业标准（试行）》中专门将"能力为重"作为其基本理念之一，提出要重视幼儿教师的保教实践能力，能够依据幼儿的发展规律提供专业化的保教水平，始终坚持反思、实践、再反思、再实践的发展路径。又如，《学前教育专业认证标准》中一级标准提出学生的教育实践必须大于等于 18 周。二级标准从践行师德、学会教学、学会育人及学会发展四个方面对学生毕业要求提出了规范；提出学校要制定完整的实践教学体系，将专业实践与教育实践有机结合，教育实践时间累计不得少于一学期；学校要集中组织教育实习；保障师范生实习期间的上课时数。而三级标准着重强调师德规范与教育情怀。

3. 关于实践教学保障方面

重视实践教学是基础，使之具有实施依据、具有可参考的标准是核心，而保障其实施是关键。2018 年 2 月，《中共中央关于深化新时代教师队伍建设改革的意见》专门提出要为师范院校的发展提供大力支持，要重点支持建设一批师范教育示范院校，专门为教师队伍的建设提供经费支持，提升师范院校的整体办学水平。《教育学类教学质量国家标准》明确提出为保障实践教学的实施，在师资方面，应有一定数量来自基础教育教学或其他类型教育机构的兼职教师；在教学条件上，要求必须建设能满足实践教学要求的专业实验室、实训中心等。《学前教育专业认证标准》也提出要给予实践教学一定的经费支持、资源保障与设备保障等；同时，要建立一定的保障体系，使实践教学环节有明确的质量要求，使机构健全，责任到人。

由上可知，政策的制定与推广是指引学前教育事业向前发展的风向标与掌舵者。实践型幼儿教师的培养及实践教学的实施从以上相关政策中都可找到相关信息。因此，学前教育专业活动设计类课程实践教学的制定与实施深受国家政策的指引与指导。

（二）幼师职业岗位对教师能力的要求

面对入园儿童增多、幼师比逐渐扩大的现状，增加幼儿教师数量，提高新入职教师质量，逐步提高人才培养质量，迎合幼师职业岗位标准至关重要。而教师能力能否满足幼师职业岗位的要求与高校人才培养方式与质量息息相关。

1. 关于新教师实践教学能力需求

针对幼儿园对新入园教师能力的要求，笔者设计了"您理想中的学前教育专业毕业生进入岗位之初，应具有什么能力，或您希望他具备何种实践能力？"这一问题，对一些幼儿园园长进行了访谈。下面是几位园长给出的回答。

园长 1：主要对四个方面的能力较为注重，一是求职者管理能力，主要是班级管理能力；二是艺术技能；三是教育教学能力，主要指课程的设计是否饱满，教学活动的实施是否灵活有效，很多新教师都无法在规定时间内完成课件设计，无法达到幼儿园的考核标准；四是幼儿教师的知识面是否广阔。

园长 2：除了幼师的基本技能，如教育教学能力与艺术技能，我们幼儿园还是比较注重科研实践能力。毕竟对幼儿园来说，做课题、搞研究也是推动幼儿园不断向前发展的重要路径。可以选择一些优秀的学生提前参与幼儿园的课题研究等，既有利于幼儿园注入新鲜血液，又有利于学生个人的发展。

园长 3：最重要的是师德情怀，能力是一方面，但对这个岗位的热爱与否决定了你以后是否会不断学习与发展。此外，是基本技能，并不是说要求多么高超的技能，但要保证入职之初满足幼儿园的最低要求。

由上可知，用人单位普遍希望教师在入职之初就具备扎实的教育教学能力及能满足幼儿基本发展需求的艺术技能。尽量做到毕业即就业，上岗即到位，补上学前教育教师数量及质量的缺口。此外，园所也会结合自己实际之需对未来幼儿教师提出一定的希望与要求，如园长希望的科研实践能力、幼儿研究能力等。通过调查了解到，大部分幼儿园对当前学前教育毕业生的初入职能力持比较满意态度，但希望高校采取一定手段与措施，结合地方实际提高新教师的综合实践能力。因此，高校在制定与实施实践教学体系时，要密切关注用人单位需求，通过与相关单位的互通与合作，制定出满足幼师职业岗位与地方用人单位的需求，缩短与人才需求市场缝隙的实践教学体系。

2.关于提高幼师岗位吸引力需求。

在访谈的过程中，有园长表示，在选择幼儿教师时，除了关注新教师是否具备教育实践能力与核心能力，还尤为注重新教师的职业认同能力，看重求职者是否将幼儿教师职业当作一份值得奋斗终身的事业，这样才能使幼师流失量及流动量变小，使行业稳定。而要使新教师具备以上能力与素养，让其在求学期间就真正了解与喜欢上该行业至关重要，而不是仅通过外部的薪水与福利吸引学生从事幼教事业。所以，希望高校可以通过短时高频的入园见习的方式，使学生不断加深对幼师行业的认识。

可以看出，幼儿园希望高校通过实践教学的方式，使学生加深对幼师行业的认识，从而提高幼师岗位吸引力，愿意在毕业后从事且热爱该行业。因此，培养学生的职业认同感也是高校在制定实践教学目标时必须要考虑的因素。

二、满足高校专业发展需求

作为人才与就业市场的枢纽，高校的专业发展定位及人才培养目标直接影响其教育的方向与质量。因此，作为实践教学的实施主体，高校的专业发展定位、就业目标定位至关重要。

（一）关于专业发展定位

学前教育专业的专业发展定位，既要响应社会对高素质实践型学前教育人才的需求，又要考虑学生的就业发展与未来走向。面对高师教育改革与发展的挑战，学前教育专业应突破传统思维，按照以应用能力为导向的人才培养思路，致力培养卓越实践型学前师资。除此之外，高校还应强调高校服务地方职能的发挥，强调立足地方、服务社会，致力培养"顶用、好用、耐用"的学前教育师资。

（二）关于就业目标定位

高校学前教育专业的就业目标定位，直接影响其培养过程的课程内容设置与教学方式选择，是人才培养目标与专业发展定位的直接体现。学前教育专业作为偏向于应用型人才培养的专业，应始终坚持对卓越实践型学前教育师资的培养。学前教育专业相关人员表示，在大一入学之初，学生就应被告知未来要从事的是与学前相关的一线教育实践工作，从而让学生在入学之初就明确自己未来的职业方向。其实，很多学院希望学生毕业之后能够从事学前教育相关工作，并且能够在工作岗位上凭借自己扎实的专业基础知识、高超的专业能力及高尚的专业情怀赢得用人单位认可，从而获得发展与晋升的机会。基于以上就业目标定位，院校需要增强实践教学意识，提高实践教学效果，不断修正与改革实践教学体系，从而更好地实现预期的就业目标。

三、满足学生职业发展需求

对学前教育专业的学生来说，普遍希望在求学期间就掌握一定的职业技能，毕业后能够顺利快速地完成从学生向幼儿教师的角色转变，得到他人认可，从而获得职业成就感。因此，高校在制定与实施实践教学体系时要将学生的发展诉求考虑其中，而不是将学生仅仅作为实践教学的被动接受者。

（一）关于获取教师资格证书的需求

对师范类学生来说，教师资格证是其大学四年学习成果的体现，也是未来进入工作岗位的专业证明。2015 年，为了提高与保障教师质量，教育部颁布了《中小学教师资格考试暂行办法》，其要求师范类学生不能直接获取教师资格证，需要参加由国家统一命题的教师资格证考试。相关负责人表示："师范生与非师范生一同纳入教师资格证考试行列，将有效推动有关师范院校的教育教学改革，使其不得不调整课程结构与教学方式，着重加强对学习者教育实践能力的培养"。①

相关数据显示，将学前师范类考生纳入教师资格证考试范围之后，发现大部分考生在笔试环节都可一次性顺利通过，而通过率不高的主要是面试环节。这说明学生的幼儿保教知识即综合理论知识掌握较好，但实际教育教学能力与临场发挥能力有待提高。通过访谈了解到，学生希望学校在课程的设置与实施方面向教师资格证的考试范围靠拢，加大教法课与技能课的比例，从而提高面试通过率。大部分园长也表示，希望能够提高当前幼儿教师资格的"含金量"。而未来准备走上幼儿教师岗位的学生也表示，到了岗位上能够证明自己的真实水平与能力，所以希望学校能够以幼儿教师资格证的考试标准来严格要求与培养他们。

因此，高校在实施实践教学体系时要与当前幼儿教师资格证考试的改革政策相吻合，注重提高教育实践能力培养，满足学生获取幼儿教师资格证的需求。

（二）关于提高职业胜任能力的需求

职业胜任能力是指个体在相关机构与组织中的经验积累，能够随着时间的推移不断发展，是保证个人取得职业成功的重要能力，其主要关注个体能力与职业岗位的契合程度，目的在于使个体实现在职业生涯中的长足发展。② 但是，提高职业胜任能力不仅指提高学生的职业基本素养与职业操作技能，还包括职业认可度、职业自信心，以及懂得如何与相关职业建立联系从而获得晋升机遇等。因此，对于职业胜任能力的积累与提高，学生都希望进入岗位之初就具有一定的职业胜任能力，从而尽快获得他人认可，提高自己的职业成就感。

针对笔者设计的问题"你认为高校如何做，或者增加哪方面的课程或教学，能提升你进入幼儿园后的岗位胜任能力？"有同学表示，希望可以增加去幼儿园见习的次数。因为每一个幼儿都是不同的，只有在入职之前尽量了解不同的幼儿，才能在入职后不会措手不及，忙于应对。还有同学表示，希望增加学前教育相关技能课，合理安排实践课程。在进行实践教学时，尽量针对幼儿园实际的教育目标进行课程与实践的安排。

---

① 雷万鹏，黄旭中.教师教育发展现状调查与政策启示——基于湖北省的实证调研[J].华中师范大学学报（人文社会科学版），2017，56（6）：164-171.

② 张骏.职业胜任力导向下高职学生综合实践能力培养探析[J].教育与职业，2017（18）：108-112.

由此可见，学生具有一定的提高职业胜任能力的需求。因此，高校在制定与实施实践教学体系时，要满足学生毕业后取得职业发展的需求。

第二节　学前教育专业活动设计类课程体系构建的思考

一、学前教育专业活动设计类课程体现构建的能力目标

幼儿教师教学能力包括以下四个方面：教学内容选择和教学设计能力，教学资源开发、利用和教学环境创设能力，教学组织实施能力，教学评价反思能力。学前教育专业活动设计类课程改革的能力目标便是指向这四个方面。

（一）教学内容选择和教学设计能力

1.教学内容选择和教学设计能力的含义

教学内容选择和教学设计能力指的是，幼儿教师能根据教学目标和要求，在了解本班儿童特点的基础上，结合儿童的需求和生活经验，选择教育内容并设计出适当的活动方案。

作为一名幼儿教师，应能根据幼儿特点领会课程标准，整合教学活动的目标与内容，把握教材的重点与难点，选择恰当的教学模式与方法来设计幼儿园五大领域教育活动。根据幼儿的年龄特点和发展差异选择合适的教学内容，根据选择的教学内容设计适宜的教学活动并撰写合适的教学方案为教学组织和实施做准备，是幼儿教师必须具备的基本教学能力。

2.教学内容选择和教学设计能力的具体要求

教学内容选择和教学设计能力主要包括教育活动内容选择能力、教学目标制定能力、教学活动准备能力、投放材料的能力。每种能力的具体要求如下。

教学内容选择和教学设计能力的具体要求如下：教学活动内容的选择与本班幼儿发展水平相适应，同时促进幼儿发展；贴近幼儿的生活和经验，同时有助于拓展和提升幼儿的经验；能有效地促进幼儿各个方面的和谐发展，并为幼儿终身发展打基础；等等。

目标制定的具体要求如下：一是目标的制定以《纲要》所提出的各领域目标为指导；二是结合本班幼儿的发展水平、经验和需要来确定；三是目标具体、明确、切实可行。

活动准备的具体要求如下：首先，教学活动的准备应围绕活动目标和教育

内容来创设相应的学习环境；其次，活动准备应充分，应能满足全体幼儿操作和探索的需要；再次，应能充分考虑到幼儿的年龄特点和生活经验；最后，活动准备应包括物质材料准备和生活经验准备。

投放材料的具体要求如下：一是投放的活动材料安全、卫生；二是便于幼儿操作、观察、尝试、探索；三是为幼儿做好与活动内容相关的知识准备等。

（二）教学资源开发利用和教学环境创设能力

1.教学环境创设能力的含义

教学环境创设能力，即教师能根据教学需要选择、制作适当的教学材料，为幼儿创设有利于其发展的物质环境和精神环境的能力。开发制作适宜的材料，创设适宜的教学环境，激发幼儿参与活动的兴趣并满足幼儿操作、发展的需求是幼儿教师专业能力中一个重要的组成部分。

环境是重要的教育资源和儿童发展的重要条件，儿童在与环境的相互作用中成长和变化。物质环境是整个教育环境的基础。教师创设良好物质环境的能力表现为善于利用现有的物质条件，创造尽可能良好的环境；精神环境对幼儿的影响是深刻的，因此具备创设良好精神环境的能力对幼儿教师来说十分重要。从幼儿角度来看，良好的精神环境应该是充满爱心和关怀的，应该是宽松、自由、活泼的，应该是具有良好的师生、同伴关系的，应该是有利于他们身心全面发展的。

2.教学资源开发、利用和教学环境创设能力的具体要求

教学资源开发、利用和教学环境创设能力的具体要求如下：能根据教学需要选择、制作适当的教学材料；为幼儿创设健康、丰富的生活和活动环境，创设促进幼儿积极互动与交往的环境；创设有利于儿童学习和发展的合作性学习环境；成为儿童学习的支持者、合作者和引导者，与儿童形成合作探究式的师生互动关系，形成良好的人文环境；为幼儿创设充满关爱、温暖、尊重和支持的精神心理环境，使幼儿获得充分的安全感、尊重感和接纳感，以利于幼儿情感、态度、行为和个性的充分发展。

（三）教学组织实施能力

1.教学组织实施能力的含义

教学组织实施能力即有效组织适合儿童自主活动、激发儿童思考与探究、激励儿童不断学习的多种形式的教育活动，并能根据实际情况调控教学情景。在组织一日活动的过程中，能敏锐地察觉儿童存在的问题、困难和需要，并及时给予适宜的支持、帮助与引导。

教学组织实施能力是幼儿教师教学能力的核心组成部分。国内外幼教工作者在讨论幼儿教师教学能力时几乎都将教学组织实施能力作为其核心能力提出来。教学组织能力是幼儿教师最显现的教学能力，在现实中通常作为评判其教学能力的重要依据。

2.教学组织实施能力的具体要求

教学组织实施能力主要包括教学活动内容的组织能力、教学活动组织形式的选用能力、教学活动的指导能力、在教学过程中与幼儿的交往能力等。其中，每种能力的具体要求如下。

教学活动内容的组织能力具体包括以下几点：第一，教学活动内容的组织应考虑幼儿的学习特点和认知规律；第二，注意各领域内容之间的有机联系、相互渗透；第三，注意寓教育于有趣的游戏活动之中。

教学活动组织形式的选用能力，即教师能因内容、因材料灵活地运用小组活动、集体活动和个别活动的形式的能力。

教师教学活动的指导能力具体包括以下几点：第一，注意激发幼儿学习兴趣，并能调动幼儿学习的内部动机；第二，注意面向全体，因材施教，分类指导；第三，重视幼儿学习方法和思维方法的指导；第四，为幼儿提供人际交往的机会，特别是幼儿之间相互学习和自由交往的机会；第五，灵活地处理偶发事件，具有应变能力；第六，在观察和评估幼儿发展水平的基础上适时调整计划。

教师在教学过程中与幼儿的交往能力具体包括以下几点：第一，教师以关怀、接纳、尊重的态度与幼儿交往，耐心倾听、努力理解幼儿的想法与感受；第二，关注幼儿在活动中的反应，敏感地察觉幼儿的需要并及时以适当的方式应答，形成合作探究式的师生互动；第三，能根据教育活动的需要灵活地转换角色，成为幼儿活动的支持者、合作者。

（四）教学评价反思能力

1.教学评价反思能力的含义

教学评价反思能力，即教师在完成教学活动之后，系统地收集有关儿童学习行为的资料，加以分析处理之后，再根据预定的教学目标给予价值判断的能力。教学评价反思能力是教师教育能力的深层结构，它对教师的教育活动和教育行为的控制与调节有着重要的作用，进而影响儿童的发展。因此，从这种意义上说，如何提高教师的反思性教学能力是当前教师教育的一个核心问题。结合幼儿园的教育实际，以先进的理论为指导，借助行动研究，不断地对自己的教育实践进行反思，也是教师专业成长的重要途径。

2.教学评价反思能力的具体要求

教学评价反思能力的具体要求如下：评价反思目标的制定；评价反思教学活动的准备；评价反思教学活动内容的选择；评价反思教学活动内容的组织；评价反思教学活动组织形式的选用；评价反思教师对教学活动的指导；评价反思教师在教学过程中与幼儿的交往；评价反思幼儿学习后的发展状况；评价反思幼儿发展状况与活动目标的符合程度；评价反思活动产生了哪些非预期的结果；评价反思教师通过这一活动的实施获得了哪些提高；等等。

二、学前教育专业活动设计类课程体系构建的具体思考

（一）倡导"实践先导"的课程理念，增加实践教学课时

在课程内容的开发与组织上，强调"实践先导"的课程理念，强调知识的学习要与实践能力的培养紧密结合，突出学生设计、组织和实施幼儿园教育活动的能力的培养。针对目前"幼儿园活动设计"类课程中实践课时所占比重较少，不能满足学生实践能力培养需要的现状，应将"幼儿园活动设计类"课程中理论讲解和实践训练的总课时比重进行调整，在保证基本理论知识学习的基础上，加大实践教学的课时比重及教学力度。

（二）尝试"四步联动"教学法，增加学生实操比重

很多学前教育专业的学生对单调枯燥的理论课缺乏兴趣，他们更乐于从直观的教学案例中理解理论知识。针对学生的这一特点，可以尝试"讲—演—练—评"四步联动教学法。"讲"，教师精讲理论，明确活动任务；"演"，引导学生观摩示范课，或由教师示范操作活动的重点环节；"练"，学生小组内分解活动任务，尝试开展模拟教学；"评"，针对学生开展的模拟教学活动，进行研讨，通过组内自评、组间互评、教师小结等方式修正方案，反思提升经验。同时，为了增加课堂教学中学生实践操作的比重，规定"幼儿园活动设计类"课程每节课学生进行模拟教学的时间不得少于全课时间的 1/3，班级每位学生在每学期至少要有 2 次参与模拟教学展示的机会。

（三）关注学生学习需求，强调学法指导

教师要深入分析每一节课的实训内容，明确每节课的实训重点、组织方式和评价考核指标，同时要充分考虑到不同层次学生的能力和需求差异，即在备课之前先要"备学生"，要先了解学生的认知特点、已有经验和学习需求。为此，"幼儿园活动设计类"课程在开课的前一个学期期末，会由全体任课教师

共同组织一次课程介绍会，向学生介绍"幼儿园活动设计"类课程的学习内容和学习任务。同时，通过问卷和访谈的形式了解学生原有的专业知识水平和学习需求，对课程的学习有哪些意见和建议，并在此基础上，有针对性地规划课程的教学内容，选择适宜的教学方法。教师要关注学生学习方法的研究，引导学生积极动手、动脑，将教师课堂中的知识点转化为"模拟教学"中真实的教育活动，使学生从被动接受知识转为主动建构知识。

（四）尝试科研实践小组

新时代的幼儿教师不仅要具有扎实的专业理论知识、过硬的职业技能，还要有较高的科研能力。在构建"幼儿园活动设计"类课程实践教学体系的过程中，注重对学生科研能力的培养。允许高年级的学生根据兴趣选择参与专业教师主持的科研课题的研究，在参与的过程中亲历科研的全过程。同时，鼓励学生将幼儿园某一领域教育教学活动中感兴趣的话题作为自己的研究课题，尝试开展小型的科研活动。例如，幼儿园数学教育活动中，学生对"影响幼儿数的守恒能力发展"很感兴趣，教师就可以鼓励学生根据各自感兴趣的话题下园测查，收集分析数据，形成小型研究报告，这样就加深了学生对"影响幼儿数的守恒能力的发展"这一内容的理解，又丰富了学生进行科研的相关经验。

（五）加强校外实习指导

实习是"幼儿园活动设计"类课程的实践教学活动的重要形式，是学生将理论知识转化为实践行为的有效途径。如何通过实习检验和提升学生专业知识和技能呢？首先，要整体规划教育实习时间，根据学习需要安排实习内容。比如，可以将集中实习的方式改为分段、分块与集中相结合的方式，实习的时间和内容要配合"幼儿园活动设计"类课程的授课进程。每门课程安排2周实习，由各领域教法教师根据每学期的课程内容，在开学初确定好各科的实习计划。

在高年级的体验式教育实习和顶岗实习中，学生要承担部分或全部幼儿园的教育教学工作。以往由于学生数量较多，学校允许高年级学生自行联系实习单位，这样虽缓解了市内实习基地数量不足、容纳学生人数有限的问题，但由于地域问题，也使指导教师对学生的指导不能做到及时、有效。针对这一问题，高校应在省内各区、县设立定点实习、实训单位，成立由专业任课教师和各实习基地幼儿骨干教师组成的顶岗实习指导小组，制定严格的顶岗实习考核方案，由学校和实训基地按照一名准幼儿教师的标准对学生进行考核，要求学生在实习过程中完成《学前教育专业顶岗实习手册》中的实习任务，撰写顶岗实习报告和毕业论文，然后由园所指导教师和带队教师同时考核，合格者给予实习成绩。

（六）提升教师队伍素质、打造"双师"型教学团队

教师是教育改革成败的关键，所以在构建"幼儿园教育活动设计"类课程的过程中，应重视教师队伍的建设。第一，积极引进高层次、高技能专业人才，优化教师队伍结构。例如，通过向社会公开招聘，从各大学、科研院所及幼儿园引进具有硕士以上学历、副高以上专业技术职务、高水平、高技能的专业教师和双师素质教师，提高教师队伍的整体水平。第二，加强校、园互动，关注青年教师的培养。针对青年教师实践教学指导能力较弱的情况，组织新老教师"师徒结对"，以老带新。同时，要求新教师要深入幼儿园一线教学跟班听课1年，积累幼儿园教育教学活动的实际案例，帮助青年教师迅速成长。鼓励青年教师积极参与教研活动，以教研促教学。第三，采用"走出去，引进来"的方式，派任课教师到幼儿园挂职锻炼，主动参与幼儿园教研活动，从真实的幼儿园教育教学工作中积累第一手的教学素材，使教师的课堂教学更"接地气"。同时，聘请具有丰富幼儿园教学经验和先进教学理念的托幼机构教师作为"客座讲师"，开展专题讲座，让课堂与幼儿园一线教学"零距离"接触，提高课堂教学的时效性。鼓励学前教育专业教师考取与学前教育相关的"职业技能证书"，真正成为理论基础扎实、实践能力强的"双师型"教师。

（七）加强校内外实习、实训基地建设

学校应加大资金投入，改善校内实训教学设施，建设远程在线观察室、奥尔夫音乐教室、蒙台梭利教室、幼儿创意美术教室、幼儿园五大领域模拟教学活动室、微格教室等校内实训室，让学生在实训室的模拟情境中得到充分的职业技能训练。同时，重视校外实习、实训基地建设，不断扩大实习、实训基地范围。此外，实习基地的类型也由单一的公办幼儿园扩展到民办幼儿园和早教机构，同时成立专门的实习、实训联系小组，积极拓展省外实习基地，为学生毕业顶岗实习创造条件，满足学生多渠道发展需求。

（八）完善实践教学的管理、考核和评价

为了加强对实践教学的管理，可以成立由教务处、学生科和专业任课教师组成的实践教学管理小组，通过制定《学前教育专业实践教学大纲》《学前教育专业见习方案》《学期教育专业体验式教育实习方案》《学前教育专业教育实践管理制度》《学前教育专业顶岗实习方案》等实践教学管理文件，确保实践教学组织与实施的科学性。同时，管理小组依据"幼儿园活动设计"类课程的实践大纲，编制《学生实践教学考核手册》，规范实践教学的考核办法，加强对实践过程的监督和指导。

结合幼儿教师岗位专业能力考核标准，确定"园、校一体化"的实践教学考评体系，将校内考核与幼儿园实践考核相结合，从而使对未来教师的评价与岗位专业标准要求相吻合。将以往单一的笔试考试形式改为口试和笔试相结合。内容也从以概念性、知识性为主的问答题转变为案例分析、活动设计等综合应用类题型，注重考核学生对理论知识的应用能力和对实际教学问题的解决能力。细化校内"幼儿园活动设计"类课程的考核项目，加大教学能力、活动方案设计和评析能力等实践教学能力在整个课程中的考核比重，将期末考试所占比重由原来的 60% 减少至 40%。学前教育专业"幼儿园活动设计"类课程的最终结业成绩将由以下四部分组成：课程结业笔试成绩（40%）、课堂实践教学个人"学生集"成绩（20%）、各领域模拟教学的"实践能力考核档案"成绩（20%）和教育见习实习成绩（20%）。

总之，"幼儿园活动设计"类课程作为高校学前教育专业的核心课程，对培养学前教育专业学生的职业能力、提升学前教育专业学生的实践教学能力具有十分重要的意义和价值，因此对其课程体系构建要做出全面且系统的思考，才能推动其课程体系的建设，进而促进学生能力素养的形成。

第三节　学前教育专业活动设计类课程
实践教学体系构建策略

一、"一体两翼"式的实践教学目标设计

（一）实践教学目标确立的依据

有句古话说得好："凡事预则立，不预则废。"我们做任何事情之前都应事先做好规划，制定目标，这样才能保证事情最大限度地朝着预期的方向顺利发展。目标就是一种构想，是整个教学活动的开端和归宿，指导着我们的教学从设计到实施、评价的全过程。在明确目标的指引下，学生不仅可以习得专业知识、专业技能，还可以形成某些内隐性的职业理念、职业态度与习惯等。[①] 学前教育专业的学生应按照何种规格来培养才能适应社会及幼儿园发展的内在要求？从职业教育的功能和人的全面发展来审视，我们需考虑以下两个方面。

---

① 贺祖斌，黄艳芳. 职业教育课程与教学论 [M]. 北京：北京师范大学出版社，2010：25-29.

1.学生发展的需要

教学是教师的教和学生的学组合在一起的双边活动，学生是实践活动的主体，是教育的对象。实践教学的最终目的就是使学生获取职业能力，所以学校的课程设置、教学改革都应多听一听学生的声音，了解他们希望获得哪些发展。随着高等教育的大发展，目前我国大多数院校在如火如荼地开展课程与教学改革。教学目标能否实现在很大程度上取决于教育对象的参与，而且参与度与教学质量呈正相关。德国一位教育家曾说："课堂上流汗的不应该是教师，而应该是学生。"学生只有亲身参与到各项教学活动之中，才会与教师的教形成共鸣，从而逐步建构起自己的知识网络与经验体系。

2.社会对人才素质的需求

就业是高等教育的一个重要导向。高等教育需要对社会经济的发展、行业的变迁保持高度的敏感，以及时调整自己的办学方针和人才培养目标与规格，成为社会经济发展的晴雨表。在社会对人才素质的需求方面，高等教育教学目标的价值既要体现在学生适应社会发展上，又要体现在承担起推动社会发展的责任上。随着现代社会的分工和职业结构的变化，劳动力市场对人才需求的质量也越来越高。因此，在确立实践教学目标时要从社会和市场的需求出发，注重岗位实践能力的培养，关注学生知识、技能和素质的全面协调发展。

（二）构建"一体两翼"式实践教学目标体系

实践教学目标体系是指经过一系列的实践活动，学生在职业技能、职业习惯、职业态度等方面应达到的水平或标准，是实践教学体系构建的基础和先导。根据幼儿教师的能力结构和学前教育专业的人才培养标准，我们可以从三个维度去界定，从而确立"一体两翼"式的实践教学目标。"一体"是指以基本保教技能的培养为主体，包括了解儿童、幼儿一日生活的组织与管理、教学活动与游戏的设计与指导、家长工作、环境创设等。这一维度是与幼儿教师职业能力结构中的职业技能相对应的，属于岗位关键能力。"两翼"指的是幼儿教师职业态度和职业习惯的养成，是一种潜隐性的能力。职业态度侧重培养学生良好的教师职业道德和职业精神、职业生涯规划与发展能力；职业习惯方面主要包括幼儿教师行为规范、形象礼仪。"两翼"是职业生涯发展在理念和行为两个层面上的岗位发展能力。总之，我们的教学目标是多层次、多维度的，旨在通过各种实践活动，使学生在适应基础岗位工作的基础上，进一步提升其综合职业能力，为终身的职业生涯发展打下坚实的基础。

二、构建"双线并行，分层递进"的实践教学实施体系

实践教学实施体系是达成预定目标的载体，为了使之从"应然"变为"实然"，我们需要重新设置一套完善的实践教学实施系统。这里提出的"双线并行"分别指实践教学应以课程教学和学生管理为主线，二者并列进行、同等重要，共同致力学生实践能力的养成。另外，"分层递进"强调每一条主线之下设置的实践项目都是按照知识和素质内在的逻辑发展顺序及岗位任务难度逐层递进的。

首先，以课程教学为主线的实践体系，即把传统的分科课程按照幼儿教师的岗位任务分解成若干实践领域或项目，根据岗位任务难度来确定每个层次的实践内容，由简到繁、由单一性工作任务到综合性工作任务，引领学生逐步由初学者成长为专家。这一主线的目的在于通过完成与实际工作相联系的任务，培养学生基本的教育能力，由"学"变为"教"，从而达成"一体两翼"目标体系中的"一体"这一主要目标。

其次，以学生管理为主线的实践体系，学生的习惯与素质养成需要内化到生活和行动中，着重通过学生管理，为学生提供多种多样的实践途径，由"知"到"行"，使其在真正的行动中逐步形成基本的职业态度和职业习惯。这与"一体两翼"目标中的"两翼"遥相呼应。

（一）基于岗位技能的课程教学体系设计

从课程教学出发，基于岗位技能的课程教学体系设计可以从两个层次着手，每一层次主要从其含义、内容、实施路径与方法三方面来阐述。

1.第一层：单项性实践

（1）单项性实践的含义和内容。单项性实践是指让学生针对幼儿教师工作中某一项具体岗位任务而开展的实践项目，多为幼儿教师岗位中最初级的任务，是入门级的实践环节，也是学生从初学者向进步初学者过渡的必经之路。完成单向性实践需要学生具备学前教育专业相关课程的某些定向与概括性知识，如学前教育的基本要素、学前教育的本质、幼儿教师的角色、幼儿园课程的内容、学前班级保教管理的原则等。学生作为初学者，只有在了解这些定向性知识的基础上，才能对自己将来所从事的职业从宏观上有所认识，获得职业认同感。而学习是从"知"到"行"，在获取专业定向知识的基础上，以这一层次的典型工作任务为依据为学生设计一系列单向性实践行动，如幼儿一日生活的组织与指导这一工作领域中接待幼儿入园、晨检，组织幼儿洗手、进餐、

午睡等单项实践；幼儿园活动设计与指导工作领域中需要用到的钢琴演奏、儿歌弹唱、幼儿舞蹈创编、儿童体操训练、玩教具制作、讲故事、普通话、书法等单向性实践内容。

（2）单向性实践的实施路径与方法。单向性实践指向的是确定的某一工作任务，可通过课内实践、校内技能实训、幼儿园参观见习、保教实习等一系列途径来实现。以上所列四种实施路径中，课内实践相对其他三种形式来说可能在理解上不尽一致。此处的课内实践是指为配合课堂理论教学，帮助学生掌握和践行理论知识、形成教育技能而实施的一系列以学生操作为主的课堂小活动，包括实验、课堂表演、模拟试教等。

实训是职业技能实际训练的简称，是指由学校主导，按照人才培养规律与目标，对学生进行职业技术应用能力训练的教学过程。[①] 实训强调的是学生在模拟的工作环境中，依据真实的工作任务和流程，将完成项目所需的各项技能作为学习和训练重点，教学过程强调理论联系实际，单向性实践即通过分解的工作任务来进行分阶段的实训，以便在短期内提高学生的实践经验、工作技能和方法。在课程教学的具体实施过程中，要根据任务的性质灵活选择恰当的教学方法。例如，音、体、舞、美艺术项目的实践可以设计成课堂演示和课下技能实训相结合的任务教学法；幼儿一日生活的各个项目可设计成课堂观看并分析幼儿园生活活动的实况录像和课下进园保教实习相结合的方法。

2. 第二层：综合性实践

（1）综合性实践的含义与内容。综合性实践对应的知识形态是关联性知识，即学生需要综合多个学科或领域的知识及多种能力才可以完成的实践活动。例如，领域活动的设计与组织、游戏的策划与实施、幼儿园班级管理和环境的创设、家长工作、组织幼儿运动会或文艺联欢会等一系列典型工作任务都属于综合性实践。这些实践训练有利于学生从初学者成长为有能力者。

（2）综合性实践的实施路径与方法。综合性实践的主要路径为课堂综合实训和幼儿园实习。综合实训是将各个孤立的单项实训内容有机结合起来，使学生形成系统化的职业技能。例如，在《学前儿童游戏指导》的课程综合性实训中，教师在课堂完成相关理论知识的教学后，将学生带进学校的综合实训室，采用仿真演练法组织学生进行各种幼儿游戏的策划、实施及游戏规则的制定。而游戏指导这项实践技能除了游戏技能实训和游戏理论知识，还需学生了解不

---

① 吴迎华. 四川省 C 高等职业学院实训基地建设的问题及对策研究 [D]. 成都：四川师范大学，2010.

同年龄段幼儿的心理和动作发展特点，综合利用学前教育学、心理学和游戏理论等跨领域的知识。由于校内实训采用的是仿真的工作情境，学生获得的综合技能体验并不够深切，因此应继续组织学生带着任务和心中的疑惑进入幼儿园参与真实幼儿园游戏实践工作。

综合性实践常用的具体教学方法为模拟教学法。模拟教学法是一种以教学手段和教学环境为目标导向的行为引导型教学模式。此方法可应用在家长工作这一任务领域，有利于幼儿教师沟通与交往能力的提高。例如，组织模拟入园、离园的交流、家访，模拟家长会，模拟亲子活动，模拟家长开放日活动，等等。在一个具体生动的场景中，学生通过参与与实际相同的工作过程，获得亲身体验。

模拟教学法还可广泛应用于幼儿园活动设计与指导这一综合实践项目。幼儿教师最核心的一项能力就是会教，即能够组织幼儿完整地上好一节课。这不仅需要掌握五大领域学科性知识、活动设计的方法性知识、艺术技能，还需要语言表达能力、组织领导能力、教学应变能力以及端庄且活泼的教师仪态等多种综合实践能力。不是所有的人天生就会当教师，只有经过长期有意识地练习，各方面能力才会有所发展。笔者在与学前教育专业学生的访谈中了解到，很多学生认为自己在活动设计与实施方面的能力还很弱，无法把所学理论真正地用于自己的活动设计中。究其原因，主要存在以下两个问题。一是教师过于注重理论知识的讲授，学生自己实践的机会比较少。二是有的教师已然意识到学生实践的重要性，所以会给他们布置课后作业，如自己设计一个领域活动并写成完整的教案作为书面材料提交，但这种形式的练习，常常会让学生钻空子。一些学生为了敷衍塞责，随便从网上参考别人的活动设计，很少主动深入思考。这种形式的训练并不能很好地锻炼学生的实际讲课能力与活动的设计与组织实施能力。

因此，笔者认为应该把课下流于形式的练习搬到课堂上进行模拟试教。每节课除了安排所要讲授的理论知识，还要留出一定的自由时间让学生进行现场的活动设计与实施。可以先让他们以小组为单位共同商讨，各抒己见，充分表达自己的观点，思维也许就在摩擦碰撞中产生出新的火花。在认识上先形成冲突，才会有问题意识，进而在合作中尝试解决问题，最后每个小组都会得到一个相对完善的设计结果。这不仅锻炼了学生表达和交流的能力，还形成了正确的观点采择能力，是一种很好的自主学习形式。有了设计的初步方案之后，让每个小组展示出来，推选一个代表来模拟幼儿教师，全班其他同学模拟幼儿配合其完成本次活动，这一环节可以锻炼学生的课堂组织能力和应变能力。通过多次模拟课堂的展示，相信学生一定会在不断的试误中提高自身的综合教育技能。

（二）基于职业修养的学生管理体系设计

学生管理体系属于实践教学体系构建方案中的第二条主线，针对幼儿教师职业能力中不适合采取职业行动来描述，无法形成独立的学习领域且无法找到对应的显性教学内容来实施教学的能力要素，实现对学生职业态度和职业习惯的熏陶和渗透，与第一条课程教学主线下的实践体系共同完成对学生的实践育人目标。首先，学校是实践育人的重要场所，除了在知识上、技能上让学生获得丰富和提高，也不能忽视准幼儿教师内在职业素养方面的熏陶和教育。其次，所谓"蓬生麻中，不扶而直；白沙在涅，与之俱黑"，可见环境在人才的成长和塑造中的作用不可忽视。基于这方面的考虑，我们设计了学生管理实践体系，学校有关部门要加强对学生的教育管理，为学生提供各种平台，组织多种形式的校内外实践活动，丰富他们的课余生活，改善精神环境，使其在学习之余积极参与到鲜活又有趣的具体活动中，在行动中获得潜在能力的发展。

1.组织丰富的第二课堂活动

第二课堂是指以各类课外活动为平台培育学生专业素养，发展专业能力，是传统课堂的延伸，是学校隐性课程的重要组成部分，是对实践教学内容的有益补充，对学生扩展知识、发展个性、形成专长和激发潜在能力，尤其是培养动手能力、创新能力和组织能力具有重要意义。

活动实践的形式不一而同。第一，院系应鼓励学生自主开展幼师技能大赛和主题教育活动，如主题朗诵、演讲、辩论、话剧表演等风采大赛，以赛促学；组织管乐团、合唱团、舞蹈社等学生社团活动。学生在赛事或活动的策划、安排、布置、组织与参与的过程中，无形中锻炼了组织力、创造力、执行力等职业中的通用能力。

第二，邀请幼儿教育专家或幼儿园骨干教师来校讲座，开展学前教育相关政策法规，如《纲要》等重要文件的教育解读征文活动，使学生自主了解自己所从事行业的政策和管理方面的状况，加强职业认知。

第三，开展仿真模拟活动。模拟幼儿园一日活动各个环节的实施，如晨检、组织幼儿正确盥洗、如厕、课外活动及游戏、进餐、午休、离园及模拟的课堂教学活动、说课活动等，以此熟悉幼儿园一日生活常规，培养师范生必备的教学技能、沟通与合作能力。

2.开展广泛的社会实践活动，培养端正的职业态度

态度决定成败，端正的职业态度是做好任何工作的基础和前提。职业态度的培养可从职业精神、职业道德、心理健康教育三个方面进行。第一，职业精神包括敬业精神和创业精神。敬业的前提是对职业的认同和对岗位的热爱，学校应全学程地安排学生"走园"，由观摩实习、保育实习、教育实习到顶岗实习，逐步加深对幼儿教育实践工作的了解和热爱，培养其责任感和敬业意识。目前，创新创业教育思潮逐渐被提上日程，学校还可以鼓励学生自主创业，成立学生创业孵化园，为有兴趣的学生提供一个相互交流学习和展示创意的平台。

第二，职业道德建设方面，要培养学生的爱心、耐心、责任心。这是一名合格幼儿教师职业道德的最低要求，即能够通过自身的言行举止使幼儿获得积极的教育影响。学前儿童的自理能力和心理承受力都比较弱，他们对教师的依赖性更强，教师的一举一动、一言一行都可能无形中被幼儿所模仿。学校可成立学前教育志愿者协会等社团，主要由学生发起和管理，教师指导，制定明确的规章和责任分工。协会定期开展一些与专业相关的活动，如深入社区为幼儿家长普及家庭教育知识，深化家园共育意识；到农村地区为留守儿童做志愿服务，义务代课；为偏远山区的贫困儿童组织募捐活动（文具、图书、衣物等）；到福利院进行文艺慰问演出；等等。通过亲身参与一系列的社会实践活动，学生可以了解到现实中的学前教育状况，体验到自身的价值，更加明确自己肩负的责任和使命。①

三、构建多元化的实践教学评价体系

（一）评价主体多元化

评价主体即实施评价的对象。教学是一项师生共同参与的双边活动，所以教学评价的主体不应该仅仅是教师，学生也应参与对自身的评价。这一方面鼓励了学生参与管理的热情，激发了主人翁意识；另一方面有利于学生的自我反思，从反思中获得成长。此外，对学生的评价还应考虑其所学内容是否适应岗位的需要。校外实践基地的实践是实践教学的最后一个环节，幼儿园是他们实践的主要场所，所以幼儿教师应依据岗位胜任能力和行业标准来对实习学生进行评价。学前教育专业的本班学生、教师、幼儿园应共同参与实践教学的评

---

① 李雪艳.高师学前教育专业实践教学模式探索——以吉林师范大学为例[J].赤峰学院学报（自然科学版），2013，29（10）：224-226.

价，多元化的主体完成的评价才更加公平、合理，有助于学生从不同的角度寻找自己的优势与不足，从而更有针对性地学习。

（二）评价内容综合化

评价既是对学生的学习结果是否达到教学目标要求的一个认定，又是对学生知识、技能、素质的一次强化。评价内容应取材于岗位工作任务，将工作标准与教学标准有机结合。学前教育专业应对岗位工作任务进行分析提取，基于岗位工作任务设计评价内容。为了实现合格"幼师"的培养，要充分发挥评价的导向作用，实施以学生综合职业能力为核心的全面考核。考试内容不应局限于基本理论知识和技能的掌握程度，还要考核学生运用基本理论知识分析、解决问题的能力、实践操作的能力等。[①] 学前教育专业教研室要制定专门的评价标准，包括具体细则、权重、考核方式及时间安排等。从内容方面来说，应包括幼师生的基本教育技能、艺术技能、从教技能和专业发展能力等。

（三）评价方式多样化

实践教学注重过程性、动态性，具体采用什么样的方式进行评价不是一成不变的，而应依评价内容而定，坚持过程评价和结果评价相结合、量化评价和质性评价相结合的原则。评价学生知识的储备情况可以采用笔试的方式，评价学生综合分析问题、解决问题的能力可以采用案例分析等方式，对学生实践技能的考核可以采用任务性、模拟演示、现场评价等多种方式。

四、完善专业实践教学体系的保障

（一）加强师资队伍建设，打造双师型师资

教学是一项双边活动，包括教师的教和学生的学两部分，只有两者充分发挥出各自的职能，教学才会更加高效。教师是教学的主体，对整个教学活动的进程起着主导作用，因此教师队伍的素质一定程度上决定着教学实施的质量和水平。高校为了培养合格的幼师，在教学中更加注重实践性，这对教师的能力和素质提出了更大的挑战，因此加强师资队伍建设是中职院校改进实践教学的当务之急。

"双师型"教师队伍是提高人才培养质量的有效保障。院校应坚持"引进来"和"走出去"相结合的原则。一方面，院校要引进学前教育专业有名望的专家、学者来校座谈、研讨，及时为一线教师带来最前沿的业内发展动态、最

---

① 唐越桥.构建学前教育实践育人机制研究 [J].内江师范学院学报，2013，28（6）：88-92.

新理念和研究成果；聘请有丰富实践经验的托幼机构园长、优秀一线教师来进行经验交流或担任兼职教师，整合各方教师资源，有效利用校内校外跨界教师队伍，以便了解本行业最真实的发展状况及对学前教育专业人才培养的需求情况。另一方面，院校应安排教师定期到幼儿园或早教机构进行实地考察和业务学习，积极参与学前教育机构的教学改革实践和教研活动，了解一线学前教育状况，从而使自己的教学内容与学生将来从事的岗位工作"无缝对接"，提高自己的实践教学能力。同时，应利用学校资源优势，与幼儿园合作开展课题研究，走出一条产学研相结合的道路，促进教师的专业化发展。

（二）建立科学完善的实践教学管理机制

实践教学是一个完整的系统，除了抓好教学这一大任务，还需考虑为教学而服务的管理制度的建设。制度本身具有权威性、约束力和持续性，因此一套完整合理的管理制度是实践教学体系的灵魂和保障。

1.加强实践教学的制度管理

实践教学的管理机制需要良好的组织保障，具体来说就是要建立一套上下协调、严密有序、立体运行的实践教学组织系统，通过岗位责任制明确各级组织的相互关系、各自的任务和责任，使决策层、管理层、执行层均有明确的分工和责任。高院应成立专门的实践教学办公室，对全校实践教学做出全面规划、决策和管理，制定实践教学相关文件和管理制度，如实践教学大纲和实训基地管理制度。管理制度主要从设备、教师、学生、教学四个方面来统一制定。学前教育教研室制定本专业的实践教学指导用书、实习指导手册、幼儿园见习观察记录表、日常实践活动档案袋等，使学生的实践具有参考性和可操作性。另外，要加强实践教学的检查和档案资料的归档，做到信息反馈及时、问题处理到位，形成事前有计划、事中有检查、事后有总结的实践教学管理运行机制。①

2.完善实践基地建设

实践基地是学前教育专业学生获得职业技能不可或缺的场所，校方应提供充足的硬件设施保障，提高人才培养质量。实践基地包括校内实训室和校外实践基地。首先，要完善校内实训条件，建设好设施齐全的琴房、舞蹈厅、手工制作实训室、蒙台梭利教育实训室、感统训练室、奥尔夫音乐教室、微格教室、幼儿行为观察室、幼儿园区角实训室等，引导学生在仿真的情境下将所学

① 范小玲.以职业能力为核心构建学前教育专业实践教学体系——以琼台师范高等专科学校为例[J].海南广播电视大学学报，2011，12（1）：77-82.

理论知识转化为能够胜任岗位工作的职业能力。校内实训条件力求与岗位实景对接，建立模拟或全真的实境学习环境和实训场所。随着全国幼儿教育的发展热潮，该专业招生人数迅速增加。因此，校方应尽快加大财政投入力度，保证实训室相应设施的完备；安排专人管理实训室，做好各实训室的分配、使用记录、卫生清洁和定期的设备维护等工作，保证学生充足的实训时间和较高的实训效率。

其次，校外实践基地的建设也是不容忽视的一环。一方面，加强实践基地的建设有利于完成学生的教育实践任务，提高其岗位实践能力，从而实现从学校到岗位的无缝对接；另一方面，中职院校可结合幼儿园教育教学实际改善和调整自己的实践教学方案，做到课程服务于行业。随着生源的增加，校外实习基地的范围也要随之扩大，由单一的幼儿园延伸至早教中心、蒙氏园、特色双语幼儿园等多种学前教育机构，满足学生多元化发展。本着"合作共赢"的原则寻找一批优质的学前教育机构作为本专业的建设伙伴，建立相对稳定的学前教育实习基地，切实加强与实践基地的密切联系，制定长效、深入的合作机制。

第五章　基于 OBE 理念的学前教育专业教育活动设计类课程改革

第一节　OBE 的深入剖析与解读

一、OBE 内涵释义

（一）OBE 的内涵

OBE 是成果导向教育的简称。自 1981 年由斯派蒂提出以来，它凭借其理念的科学性、实施架构的合理性和良好的社会综合评价很快得到了越来越多人的关注、重视与认可，并已经成为美国、加拿大、英国等国家教育改革的主流理念，被公认为"追求教育卓越的一个正确方向和值得借鉴的教育改革理念"，在全球范围内产生了广泛影响。

成果导向教育是一种以学生的学习成果为导向的教育理念，认为课程设计和课程实施的目标是学生通过教育过程最后所取得的学习成果。其强调的是对学生行为结果的测量，注重学生学完之后能真正做什么，而不是学了什么。在成果导向教育下，成果决定过程，课程设置以最后顶峰成果为导向，在学习结束之后，学生应当展示自己所学到的知识。它注重课程内容、教学方法、教学策略与教学评价之间的高度匹配。成果导向教育主要阐明以下四个核心问题。

（1）"是什么"的问题，即我们想让学生取得什么学习成果。

（2）"为什么"的问题，即为什么想让学生取得这样的学习成果。

（3）"如何帮助"的问题，即如何有效地帮助学生取得这样的学习成果。

（4）"如何知道"的问题，即如何知道学生已经取得了这样的学习成果。

成果导向教育的基本原理是"所有学习者均能成功"，并以所有学生均能成功为前提，但不以相同的途径或方式、相同的时间达到同一目标。同时，成果导向教育倡导以学生为中心，重视学生的个性发展，扩展学习机会，强调学生个人的进步表现和学业成就。教育系统应聚焦于鼓励学生采取合作、协助等学习策略分阶段逐级达成顶峰成果。而且，OBE 主张采用多元化评价方式，制定相应的评价考核标准，并做好数据收集、整理和分析工作，以证明学生达到了预期的学习成果，从而推动学生与学校共同发展。①

Spady 在其著作《成果导向教育：重要的争议和答案》中对成果导向教育的内涵及其构成的关键要素进行了深入的剖析，并提出成果导向金字塔的概

---

① 王明海．成果导向高职课程实施 [M].北京：高等教育出版社，2016：3.

念，将其作为表达成果导向教育内涵的工具（见图 5-1）。该成果导向金字塔分为一个执行范例、两个关键目的、三个关键前提、四个执行原则以及五项通用领域实践。但是，在具体实践应用过程中，应该将范例、目的、前提以及原则等予以具体化，才不会扭曲成果导向教育的本质。

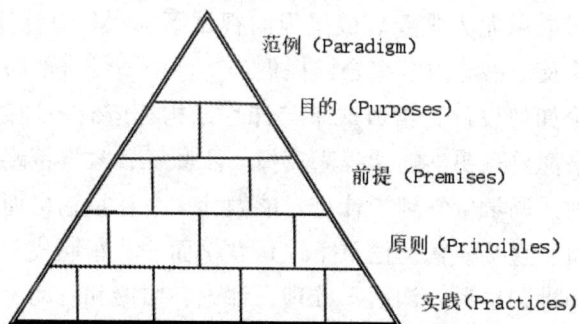

图 5-1　成果导向金字塔

（1）一个执行范例。成果导向课程设计所依据的价值取向，并用以指导成果导向金字塔其他各层级的设计与实现。主张在成果导向教育实施的开始应该有一个清晰的愿景或架构，清楚阐释学生在专业领域应具有的核心能力，而后围绕学生应具备的核心能力反向设计课程目标、课程内容、课程实施以及评价，促使所有学生均能达到预期的学习成果。同时，成果导向教育的范例强调依据"什么"（What）与"是否"能成功学习，比"何时"（When）及"如何"（How）学习更重要。

（2）两个关键目的。建构成果蓝图以及营造成功情境与机会。具体而言：一是建立一个清晰的学习成果蓝图或愿景，并勾勒出必备的能力与内容，确认这些是学生毕业时用以达到成功所需的知识、能力和素养；二是创设一个让所有学生能够达成预期成果的情境与机会，即营造一个获得成功的情境与机会。

（3）三个关键前提。成果导向教育三大关键前提为：一是所有学生都能学习并获得成功，但并非同时或使用相同的途径和方式；二是成功学习促进更成功地学习，成功是成功之母；三是学校的各项工作、资源配置、设备实施等将直接影响学生能否成功学习。

（4）四个执行原则。实施成果导向教育的四个原则被各国学习继承与实践，这四个执行原则可以归纳为以下四点：一是清楚聚焦，聚焦顶峰学习成果；二是扩大机会，扩大机会与支持成功学习；三是高度期许，期待所有学生都获得成功；四是反向设计，是相对传统的正向设计来说的，是指课程设计从顶峰成果反向设计以确定所有迈向顶峰成果的教学的适切性。

（5）五项通用领域实践。成果导向教育的实施要点，步骤如下。步骤一，定义成果。顶峰成果既是全部教育活动的指向，又是学生成功的标准。因此，实施成果导向教育必须明确定义成果（见图5-2）。步骤二，设计课程。学习成果代表一种能力结构，这种能力主要通过课程与教学来实现，因此课程内容建构对达成学习成果尤为重要。成果导向视域下的课程设计注重将课程架构、教学实施、测验及证书等内容整合，提倡与生活情境结合的跨领域以及跨年级的课程。但无论如何设计，学习成果与课程结构都应有一种清晰的映射关系，每一种学习成果都要有明确的课程来支撑。步骤三，教学策略。基于成果导向教育的教学特别强调学生学到了什么、能做什么。注重输出而不是输入，注重引导学生思考而非直接灌输，注重个性化教学而非"车厢式"教学，注重产出与能力，并鼓励批判思考、沟通、推理、评论、回馈和行动。步骤四，结果认证。成果导向的评价聚焦于学习成果上，采用多元和梯次的评价标准。评价强调达成学习成果的内涵和个人的学习进步，而非学生间的成果比较。根据学生达到学习成果要求的程度进行针对性的评价与反馈，给予通过与否的评定结果，并通过对学生学习状态的精准把握，为学校和教师改进教学提供参考。步骤五，决定进阶。成果导向教育强调所有学生均应该拥有成功学习的机会，将学生的学习进程设定几个阶段，并确定每个阶段的学习目标，让学生在过程中由初级到高级，最终达成顶峰成果，逐步获得成功。值得注意的是，具有不同学习能力的学生可以用不同的时间、通过不同的途径和方式，达成同一目标。

图5-2 学习成果转换图

（二）成果导向教育的特点

成果导向教育是美国20世纪90年代教育改革的重要方针，改革的转向即重视学生行为与核心能力发展的课程模式。传统教育的课程规划重点是教师教授的课程内容、以此为中心的课程设计与教育方式，不但无法培养学生的实践知识，更忽略了人际关系、统整思考、文化关怀等的发展，造成课程内容与学生的能力需求无法匹配。成果导向教育是以学生能力为中心来设计课程内容，培养学生在未来社会所需的实际能力。以下进一步分析成果导向教育的特点。

1. 成果导向教育是一种更具有弹性的教育方式

传统教育严格执行规定的学习程序，"就像将学生装进以同样速度和方式运行的车厢"，限制了学生成功的机会。但成果导向教育以扩大机会取代限制机会。"扩大"意味着可修改、可调整、可变化，而非仅仅延长或增加学习时间，因此增加了学习过程中更多的可能性。成果导向教育强调扩大机会，就是以学习成果为导向，以学习成果为评价依据，以调整或弹性回应学生的学习需求。依此，可以帮助教师研究反思学生真实的学习需求，进而采取适宜的教学方式，以帮助学生达到设定的目标。与此同时，学生可以确切得知自己的能力情况，并于毕业后向家长、工作单位证明已取得的各项学习成果。但是，要注意强调明确的学习成果，避免最终的学习流于形式，导致弹性学习的意旨被曲解。

2. 成果导向教育有助于发展整合性的课程与教学

成果导向教育强调知识的整合，即教育的课程设计与建构以顶峰成果为设计起点，让学生能整合多样的内容、概念和能力。这些整合性能力的发展需要学校和教师为其提供更多跨领域学习的机会，也需要教师不断提升与改进其教学策略，并保持教师间的深度合作。这样才能全面规划和设计有效的成果导向教育教学系统与流程，促进学生跨领域学习，获得整合性的经验与能力。此外，成果导向教育是协同架构，而不是孤立架构。传统教育的某一门课程是无法达到成果导向教育所展现的复杂与高层次表现和成就，如沟通能力、解决问题的能力等。这些整合性能力的获得不能仅仅通过学习某一门课程就可以培养与发展，需要在整合性的课程群中长时间的持续努力。所以，教师之间应建立一个沟通与协作的平台，协同合作执行这些学习经验与策略，以培养学生的复合型能力。

3. 成果导向教育有助于促进更适性的学习方式

成果导向教育强调同伴合作、协同学习，鼓励学生根据自己的特质和学习需求拟定学习目标，发展个人潜能，进而完成自我实现。在这种环境中，教师必须配合学生的差异性进行教学，与相关教师协同教学，鼓励学生合作学习、协同学习、团队合作，帮助学生在学习过程中增强自我的表现，促使学生达到自我参照标准，让每个学生都能成功学习。此外，成果导向教育强调包容性成功而非分等成功，不限制成功学生的名额数量，也不要求学生必须达到一样的标准，而是采取各种鼓励措施，创造各种机会，逐步引导每位学生都可以达成顶峰成果，获得成功。但是，这种适性的学习方式与包容性的成功做法更需要精心的规划与设计，避免学习成果目标定位不准确，将资质优异的学生当成普通学生来教导，而使一些学生因无法达成自己期待的目标而产生挫败感。

4.成果导向教育有助于提供多元的评价方式

有效的评价在成果导向教育中是完整的学习过程不可或缺的一部分，包含过程与成果、标准与效度范围的持续评价，会激发学生对学习的责任感。第一，在成果导向教育中，以成果认证、成果表现取代传统教育的证书认证。这意味着学生必须清楚地展现已达到规定的标准与效度才能获得学分，而非只是学生在规定时间内完成规定课程的学分。因此，必须先制定清楚的学习标准和学习成果范例，让学生能依据、参考明确的标准和成果范例来展现自我的实际表现和成果。第二，注重学生在学习过程与表现时的最好结果，由学习表现的高峰成就取代平均表现的累积成就。这要求教师除了聚焦于学生的过程表现，更要重视学习间阶段的表现和毕业时的顶峰成果。第三，强调标准效度评价而非竞争性评价。在成果导向教育中，标准是应该要表现的结果，是成果表现的一个元素。效度指有效性、正确性。标准与效度二者结合就是一种评价、检核与证明的方法，同时提供准确、适宜的信息用以说明与解释学生的表现，进而分析判断其是否符合或超越所设定的绩效标准。然而，由于目前成果导向教育仍然在发展中，对各项能力的评价普遍缺乏具有信度、效度的工具，而且教师对开发、使用新的评价工具与方法的能力有待发展与加强。

二、OBE 的理论基础

深入分析成果导向教育，从其表象上依稀可见有杜威的目的与手段之关系的影子，继而传承了泰勒原理的"目标模式"，最后深受派纳的"自传式课程"的影响。其实作为美国 20 世纪 60 年代教育改革的产物之一，它并不是一个新的概念，而是结合了目标教育理论、能力本位教育、精熟学习以及标准参照评量。

（一）目标教育理论

关于教师的教与学生的学在预期目标上存在不协调与不同步的矛盾一直以来都备受关注。最早可以追溯到斯宾塞的教育规划目标论，而后赫尔巴特提出课程计划并阐述了由目标引导教学行为的重要性，最后泰勒深化了在教育目标中应用课程设计和教学策略的理念，并就此提出了泰勒原理的四个基本问题。由泰勒所论证的教育目标原理被广泛应用于课程论，并成为课程设计模型的理论来源，而上述学者提出的相关理论构建了成果导向教育的根基。后来，布鲁姆的教育目标发展分类理论也对成果导向教育做出了重要贡献，其对教育认知理念的表述成为对 OBE 成果描述的标尺。

（二）能力本位教育

20 世纪 60 年代末，美国就业市场发生了巨大改变，当时人们怀疑学校教育是否真能帮助学生适应未来生活的职业和角色，因此提出能力本位教育的概念表示回应。能力本位教育强调学校或教师应该以学习成果为依据，拟定教学目标，统整教学经验及其评价。在实际运用过程中，主要形成内回圈与外回圈两个主轴。内回圈是指维持适宜的教学成效，确保学生毕业时能具备规范的能力；外回圈则是维持适宜的教育目标，并确保学生在毕业时实现此目标。通过内、外回圈模式改善传统教育认证标准僵化及缺乏弹性等问题，强调持续改进的课程设计与评价标准，团队合作、协同学习以及经验创新等能力产出。[①] 最后，由教育相关部门专门组织对学生核心能力目标及学习成果的评价与认证。

（三）精熟学习

精熟学习强调教学的目的在于促进每位学生能够精熟学习内容，评价的目标不是区别学生学习成绩的高低，而是促使所有学生在学习上都能达到预期的目标。因此，精熟学习的教学过程分为两个步骤：第一，设定教学目标；第二，利用形成性评价，提供教学与学习者回馈，以改善教学与学习，并将此步骤不断循环，直至完成学习目标。基于此，1996 年美国高等教育协会提出了"学生学习评价优良实施的九项原则"，并成为许多高等教育机构所采用的标准，它将评价从狭隘的最终学习成果考核延展为学习历程的能力评价与协助，具体包括以下内容：①依据教育的本质评价学生学习；②以多元、整合、持续性的方向了解学生的学习情况；③建构明确的目标以及评价指标；④成果评价应该包括学生成果与过程经验；⑤成果评价应该持续渐进；⑥多元评价主体参与评估；⑦不为评价学生学习成果而评价；⑧重视评价在教育变革中的重要地位，评价才有可能促进改进；⑨实施有效评价，发挥评价的效用，使教育者能对学生与社会大众负责。

---

① 马金晶. 成果导向教育博士课程发展研究 [D]. 重庆：西南大学，2012.

三、OBE 的执行原则与架构

（一）成果导向教育的执行原则

1. 清楚聚焦

清楚聚焦是成果导向教育执行原则中最重要、最不可或缺和最基本的原则。其内涵如下：第一，建构一个清晰明确的学生学习成果的蓝图，以此作为课程、教学、评价设计与执行的起点，并与所有的学习紧密结合；第二，不论是教学设计还是评价设计，都要以学生能够成功地展示学习成果为最优原则；第三，教师自始至终都以伙伴关系介入学生的学习过程中，分享、解释、示范以协助其达成各阶段的学习成果，并共同分享成功的喜悦。因此，课程设计与教学要清楚地聚焦于学生在一段学习经历后能达成的顶峰学习成果，同时教师应该引导学生将他们的学习目标聚焦于这些学习成果上。

2. 扩大机会

扩大机会要求学校和教师要努力为所有学生提供更多成功的机会，原因在于不是所有学生都能在同一时间以同样的方式学习同样的内容。因此，就需要学校和教师以更加弹性的方式回应学生的个体差异，给予学生更多学习重要内容与展示学习成果的机会。斯派蒂在《成果导向教育：重要的争议和答案》一书中指出机会的五个关键向度：时间、方法与模式、操作原则、绩效标准、课程的实施与建构。

（1）时间。学校的教学时间、学习时间、课程组合与学习成果绩效的时间息息相关。教学时间即教师接触学生与支持学生学习的教学时间数量；学习时间则是给予学生的学习时数；课程组合指学生可以在规定的时间范围内，选择特定的课程组合。成果导向教育强调，可以通过扩大学习机会的持续性、频繁性以及学习机会发生的精准时间，提升学生学习成效。教师为掌握学习机会的精准时间，应该重新组织教学时间、学习时间以及课程组合的方式。

（2）方法与模式。成果导向教育充分考虑学生的多样性与差异性，提倡教师善用不同的教学形式，鼓励学生试用不同的学习方法，赋予师生教与学的弹性、自主性与多元性。同时，强调教师运用不同形式的教学方法比单纯地调整教学时间长短，更可以扩大学生成功学习的机会。

（3）操作原则。教师同时应用清楚聚焦、高度期许以及反向设计三原则来执行，并保持系统性与创造性，可扩大学生成功学习的机会。清楚聚焦可以建立一个明确的学习成果目标；高度期许可以加强学生的学习动机，进而激励学生达到预期成果目标；反向设计则提供给学生清楚所追求目标与达到预期学习成果目标的课程。

（4）绩效标准。绩效标准是促使全部学生逐级达到顶峰学习成果，迈向成功的关键。因此，先要明确学生被赋予高期许的绩效标准，但不限制达到绩效标准的学生份额与数量，而是积极引导其迈向成功，扩大学生成功学习的机会。

（5）课程的实施与建构。如果学生只用片段时间学习课程或者学校不提供学生所需要的课程，那么学生的学习与未来成功的机会将受到制约。因此，学校和教师应该构建弹性、连续、多元的学习课程，使学生获得高阶的思考与深度的学习经验，如此才能扩大学生持续改进与深入内化学习的机会。

3.高度期许

高度期许即学校和教师提高对所有学生学习的期待，支持其达到预期的顶峰学习成果，制定具有挑战性的绩效标准，鼓励学生深度学习，促进其更有效率地学习。高度期许包含以下三个方面的内容：①提升学生可接受的绩效标准，促使学生完成学习进程后达到更高水平；②清除学生达到预期学习目标的障碍，鼓励学生迈向高峰表现；③增设高层次课程，采用高水平的绩效标准。

以上三个维度的高度期许可以改变学校学习氛围与学习风气，引导学生在挑战性的学习过程中获得较高的成就。然而，高度期许除强调高绩效标准外，更强调增加对学生的期望以及促使学生成功学习，不然一味地提高绩效标准反而会降低学生的通过率，为学生的学习历程带来障碍。同时，高度期许强调教师应该期待、鼓励学生迈向自我实现。

4.反向设计

成果导向教育要求学校和教师先明确定义学生的顶峰学习成果，课程与教学设计从顶峰学习成果反向设计，教师教学的出发点不是要教什么，而是先预期学生的顶峰学习成果，再决定教什么，并充分考虑所有迈向顶峰学习成果教学的适切性，将学生顶峰学习成果作为教学的最终目标，进而确保学生顶峰学习成果的实现。

成果导向教育的反向设计有一个"黄金定律"，即一致性、系统性以及创造性，这就意味着教师先要明确学生的顶峰学习成果，而后决定真正需要学习的关键内容，并运用创造性的教学方法与情境，系统地协助学生成功学习。

教师反向设计课程要掌握两项原则：第一，从期望学生最终达成的顶峰学习成果反推，回溯课程及教学设计，并循序增强课程的难度以引导学生逐步达成顶峰学习成果；第二，教师必须聚焦于基础学习成果、顶峰学习成果，取代或删除顶峰学习成果中非重要发展内容的零碎成果，即排除不必要的课程细节或以更重要的课程来替代，才能有效协助学生成功学习并达到顶峰成果。

反向设计不仅是建立课程优先顺序与架构的实用方法，更可以提供完整顶峰学习成果架构的相关指南。然而，在实际运用的过程中，其面临两个方面的挑战：一是技术上，必须确定基础学习成果存在于顶峰学习成果之内；二是情感上，教师必须愿意放弃其熟悉、喜爱但并非必要的课程细节。

（二）成果导向教育的执行架构

成果导向教育包括执行与支持两大系统。执行系统是与教学、学习过程有直接关系的课程与教学要素；支持系统是让教学、学习过程得以存在并发挥功用的行政、后勤、资源等保障要素。

从以上系统角度来看，成果导向教育执行系统是以所有学生获得顶峰学习成果为核心，以四个执行原则的影响和驱动为关键，串联四个执行策略，构建四个关键架构的操作系统。

1.绩效标准与资格架构

绩效标准与资格架构即决定如何定义成果和绩效标准以及如何授予毕业学分。此架构包括评价、测验、记录、成绩单学分和文凭。

2.课程内容与清楚架构

课程内容与清楚架构即决定如何定义、组织、链接学生对成果导向教育系统的正式学习经验。此架构包括方案、学习课程、学科领域以及课程。

3.教学互动与技术架构

教学互动与技术架构即决定成果导向教育系统该运用何种工具或技巧，引导学生参与到课程学习中。此架构包括教学组织及其实施所运用的技术。

4.合格、晋级与指定架构

合格、晋级与指定架构即决定哪些学生将与哪些教师在一起合作学习，何时以及在何种物理环境安排下。此架构包括学生分组、日程安排、人员配置、晋级与课程进阶相关的所有内容。

成果导向教育的四项执行原则与方向设定、课程设计、教学授课、结果认证四项执行策略串联强化成果导向教育执行架构与系统运作（见图5-3）。清楚聚焦直接影响方向设定，扩大机会直接关联教学授课，高度期许主导结果认证，反向设计决定课程设计的功能与作用。[①]

---

① 李坤崇.大学课程发展与学习成效评量[M].台北：高等教育文化事业有限公司，2011：13.

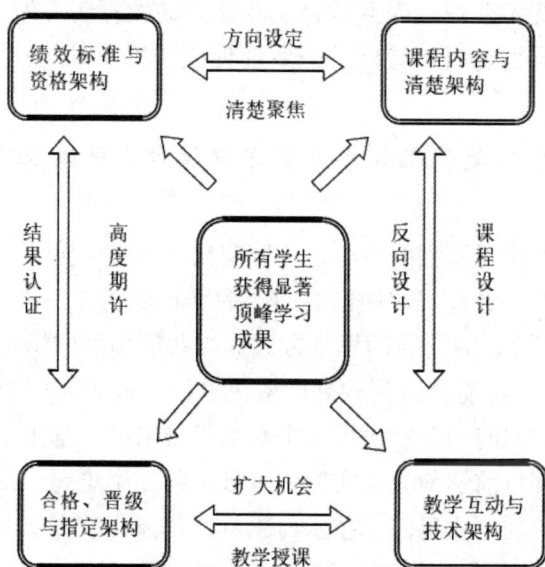

图 5-3 成果导向教育执行架构与系统运作图

四、OBE 的实践应用价值

（一）成果导向是提高教师教育质量、提升师范生教育实践能力的理念引领

实践教学对培养师范生的教育实践能力有着理论教学不可替代的特殊作用，而教育实习课程长时间浸润于实践中，促使实习生在试教实践中确认或形成自己的实际工作能力与完整的教师身份，是提高教师教育质量的重要组成部分。教育部在 2016 年 3 月颁布了《关于加强师范生教育实践的意见》（以下简称《意见》）。《意见》中明确指出："师范生教育实践依然是教师培养的薄弱环节，师范毕业生的教育教学能力尚不能完全适应中小学的需要，存在着目标不够清晰、内容不够丰富、形式相对单一、指导力量不强、管理评价和组织保障相对薄弱等问题。"这就要求教师教育院校要组织开展规范化的教育实习，要制定教育实习课程标准，做到教育实习前有明确的目标任务与要求、实习中有适宜的指导与监管、实习后有科学的考核评价与反馈改进，以确保完成师范生教育实践任务的需要。而 OBE 理念以成果为导向，对教育实习课程进行反向设计，不仅清晰指出了师范生实习后应具备的核心能力，还明确指出了所设计的课程内容与实施应该如何促成实习生达成相应的预期学习成果，这与转变实践观、提升教育实践能力的教育实习课程要求十分契合。因此，理念的趋同性、目标导向的一致性促成了将 OBE 理念嵌入教育实习课程的全过程。

（二）成果导向是优化教育实践课程设计、促进教育实践课程发展的突破口

教育实习作为实践课程的核心，是职前教师教育的重要组成部分，理应受到重视。但事实上，教育实习中已有问题的堆积依然像一块"顽疾"，难以祛除。解决"旧问题"，需要新的思维方式。当我们用新的思维方式来分析这些"旧问题"的时候，可能会得到较好的解决办法。成果导向教育恰好为解决教育实习课程中的"旧问题"提供了一个新的思维路径。基于学前教育实习现状的深入调查，发现目前学前教育实习中待破解的几个难题，几乎都能在成果导向教育中找到相关的解决思路、技术与工具，比如，教育实习实践与理论联结有限，如何衔接与打通的技术问题；教育实习课程目标与内容不够明确具体，难以操作的问题；教育实习课程评价标准缺失的问题；如何检核实习后的教育实践能力；等等。

将 OBE 理念嵌入教育实习课程的全过程，是优化教育实习课程设计、促进教育实习课程发展的突破口。成果导向教育实习课程设计从学习成果入手进行反向实习过程设计，打破原有按照实习时间与进程组织实施实习课程的思路，不仅可以在实习前清晰地了解本课程所要完成的学习成果与标准，还可以厘清每项实习任务与学习成果的对应关系，明确实践学习路径，保证预期学习成果的实现，而且对教育实习课程发展有着重要的促进和推动作用。在实习课程目标拟定上，充分考虑利益相关者的要求与期望；在课程内容选择上，以学习成果为轴心，构建纵向连贯、横向统整的内容体系；在组织实施方面，强调实习生的主动参与和学习体验，指导教师协同指导、规范管理，注重实习生能力的可持续发展；在结果评价方面，坚持以产出为导向，多元主体参与评价，科学制定评价标准，注重评价反馈与持续改进。

第二节　基于 OBE 理念的学前教育专业教育活动设计类课程的改革思路与路径

一、基于 OBE 理念的学前教育专业教育活动设计类课程的改革思路

按照师范专业认证的培养目标和毕业要求、基于 OBE 理念和高校课堂教学改革的要求，学前教育专业幼儿园领域教学活动设计类课程群开展教学改革试点的基本原则为学生中心、实践导向、成果产出、能力提升。现对具体改革内容予以简单阐述。

（一）锁定学生能力，确定课程目标

OBE 是高校实践类课程改革的方向与思路，更是课程改革的关键。高校的学前教育专业学生在幼儿园开展教学活动的能力是该课程群要关注的重点和实现的课程目标。OBE 理念强调学生产出的质量，强调从培养目标制定反推课程实现的目标。《专业标准》中提及的幼儿教师教学活动计划与实施能力是三个既不同又有联系的能力，即教学活动计划能力、实施能力和评价能力。计划能力是实施与评价能力获得的前提，实施与评价能力的提升又反作用于计划能力的获得。学生教学活动计划、实施和评价能力获得是该类课程群形成合力共同达成的目标。

下面以《幼儿语言教育活动与指导》为例说明课程目标的制定。

目标 1：通过对学前儿童语言教育活动的价值、目标、内容、途径的讨论学习，了解学前儿童语言教育的意义，认同语言教育活动计划与实施是学前教师的专业能力之一。

目标 2：通过对学前儿童语言领域的文学作品的欣赏活动、讲述活动、谈话活动和早期阅读活动设计一般流程的学习，掌握语言教学活动不同内容的教学重点，学会据此选择素材、把握重点、设计过程。

目标 3：通过课内实践操作与实操演练，尝试选用适合幼儿学习的方式，把握幼儿学习的核心经验实施语言教学活动。

目标 4：通过小组讨论，能对面向幼儿开展的语言教学活动从活动设计、活动实施、幼儿发展等维度做出评价并提出改进策略。

目标 5：通过理论学习与实践操作，在学习实践中体会儿童视角的教育活

动设计理念与教育教学行为，践行师德。

（二）明确课程联系，突出课程重点

人才培养模式构建的关键因素是课程要素的设置以及课程的实施。课程设置以及实施的质量关系着学校培养出来的人才的质量。学生教学活动计划与实施能力获得是通过课程群建设与开设实现的。教学改革注重课程的逻辑关系，强调课程的相互联系，关注不同课程要突破的重点与难点。按照 OBE 的基本思路，强调理论学习在先、实践操作在后，注重理论与实践的关联和学生能力的获得。在设置课程开设顺序时，《幼儿园课程与实践》课程在第三学期开设，目的是帮助学生建立一日生活皆课程的课程观；幼儿园教学活动计划与指导课程在第四学期开设，重点解决主题教学活动的计划与实施；五门领域教学活动设计类课程分别在第五学期、第六学期开设，这五门课程要解决学生教学活动设计的基本思路与能力。课改后的课程设置帮助学生从宏观到微观、从抽象到具体全面了解幼儿园课程。

不仅如此，学生教学活动计划与实施能力获得是基于 OBE 的基本理念，是对标高校人才培养方案中的毕业要求，是指向学生的就业招考。结合教学活动计划与实施能力的获得，从说课、试讲、面向幼儿的教学活动三个维度全面实施。说课是运用专业知识说明幼儿园领域教学活动设计背后的原因，了解说设计思路、说目标、说重难点、说准备、说过程、说学法、说活动反思的说课基本模式；试讲是对教学活动计划的片段展示，要有对象感与现场感，让学生在没有幼儿在现场的情况下能有对象感地开展活动；面向幼儿的教学活动实施是让学生在真实场景中，将自己计划好的教学活动展示出来，根据幼儿现场的反应实施教学（见图 5-4）。

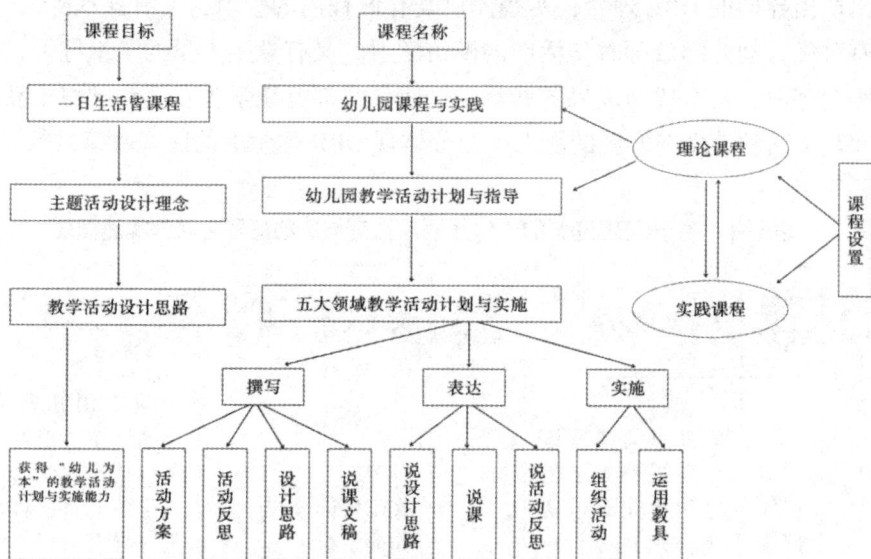

图 5-4　教育活动设计类课程设置与实现目标

（三）精选课程内容，加强实践教学

教学活动设计类课程改革幅度最大的部分是改革课程内容，结合 OBE 理念，根据课程特点，通过缩短理论授课时间、增加实践教学学时解决学生能力培养问题。基本方案是 4 周讲授该领域最核心的内容，12 周开展不同形式的实践操练。措施是第 1～4 周为理论讲解，第 5 周为幼儿园实践导师开展幼儿园集体教学活动优质示范课，第 6～13 周为实践演练，第 15～18 周为学校授课教师与幼儿园实践导师共同指导学生开展教学活动实施，每周 4 名学生，至少选择 16 名学生开展真实情境演练。

要实现以上目标，教师就要精选课程内容，将学生最需要知道的"是什么""为什么"等问题阐述清楚，如《幼儿园音乐教学活动与指导》课程，课程组的教师高度凝练课程内容，第 1 周讲述幼儿园音乐教学活动的基本理论；第 2～4 周讲述歌唱活动、韵律活动和打击乐活动的基本设计流程。1 周的基本理论学习要高度提炼，不理解的晦涩理论会在课程实践过程中，通过学生头脑风暴、教学活动评价、课程作业等方式予以弥补。对原有幼儿园音乐教学活动的内容进行整合，去掉欣赏活动模块，课程组成员一致认为幼儿对音乐的欣赏与理解体现在歌唱、韵律和打击乐活动中。加强实践教学，理论模块包括基本理论与三个教学内容的理论知识，仅 8 课时；实践模块包括文献阅读、名师示范与实践演练；教学成果展示模块，共 26 课时。从表 5-1 可看出，课程突出产出导向的 OBE 理念，实践模块既有课程内的学习，又有课程外的学习；既有对优秀幼儿园教师教学活动的模仿学习，又有学生大量的小组练习；既有过程的练习，又有优秀成果的展示。这些方式都能让学生在实践学习中获得幼儿园教学活动计划与实施的能力，充分体现 OBE 理念下的课程改革目标。

表5-1　基于OBE理念的《幼儿语言教育与活动指导》课程实践模块

实验序号	实践名称	实践内容	实践学时	实践类型	小组人数	备注
1	课外研读	梳理学前儿童语言发展特点；复习学前儿童语言获得理论；儿童文学作品赏析与绘本阅读	0	文献研读作品赏析	1人	①从中国知网查阅近 5 年在学报发表或者硕博士论文 20 篇，以学前儿童语言教育某一维度为切入点撰写不少于 3000 字的文献综述。②尝试创编或仿编绘本
2	名师示范	优秀幼儿园语言教学活动展示	2	活动观摩	全班	观摩幼儿园实践导师组织的优秀语言教学活动，树立榜样，丰富感性经验，结合幼儿园教学活动评价表实施科学评价，撰写评课稿
3	课堂演练	学前儿童文学作品欣赏活动实施；学前儿童讲述活动实施；学前儿童谈话活动实施；学前儿童早期阅读活动实施	14	实操演练小组练习	5～6人	①能根据内容设计教学挂图、PPT。②能面对同学和幼儿开展学前儿童文学作品欣赏活动，教态自然大方，熟悉活动基本流程，提问有针对性，教学语言运用得当。③撰写教学反思，要求维度清晰，语言流畅，格式规范，有个人的思想见解

实验序号	实践名称	实践内容	实践学时	实践类型	小组人数	备　注
4	成果展示	学前儿童语言教学活动实施	8	实操演练小组练习	5～6人	在课内实践的学生中遴选16名学生到幼儿园进行基于真实情境的教学实践，每周4名学生

（四）课程方式变革，注重学生实践

从表5-1可看出，以提高学生教学活动计划与实施能力为主旨，考虑到OBE理念凸显的学生产出导向特点，大幅增加实践教学的时间与变革课程教学方式，实现学生在知识、能力和素质等方面达成5项基本目标，采用案例分析、双主体讲授、主题讲授、课堂演示与演练、小组合作、形成性评价考核等措施和方法。方法的改变是以学生能力为重的课程目标的具体体现，是"学生中心"的完美诠释，是OBE理念的全面渗透。在教学过程中，教师相信学生运用理论知识、建构知识以及将理论知识运用于实践教学的能力。对于学生评价能力的提高，采取小组合作的方式，每周安排两组学生对本周学生面对幼儿的实践操作进行全程摄录，通过图片、小视频、文字表述等方式进行评课。学生利用短视频发现自身在教学活动中的优点与不足，如果有典型性的不能说明的问题，在教师的提示下，通过积累经验，最终掌握评价教学活动的维度。变学徒制为反思性实践制，将传统的教学变为实践共同体支持下的现场双向建构，通过主动作业使学生有反思课题内容与自我的时间和空间；将知识状态的获得变为在反思中的动态生成，避免了学生在工作岗位容易陷入"工匠式"的就事论事、后发力不足的困境（见图5-5）。

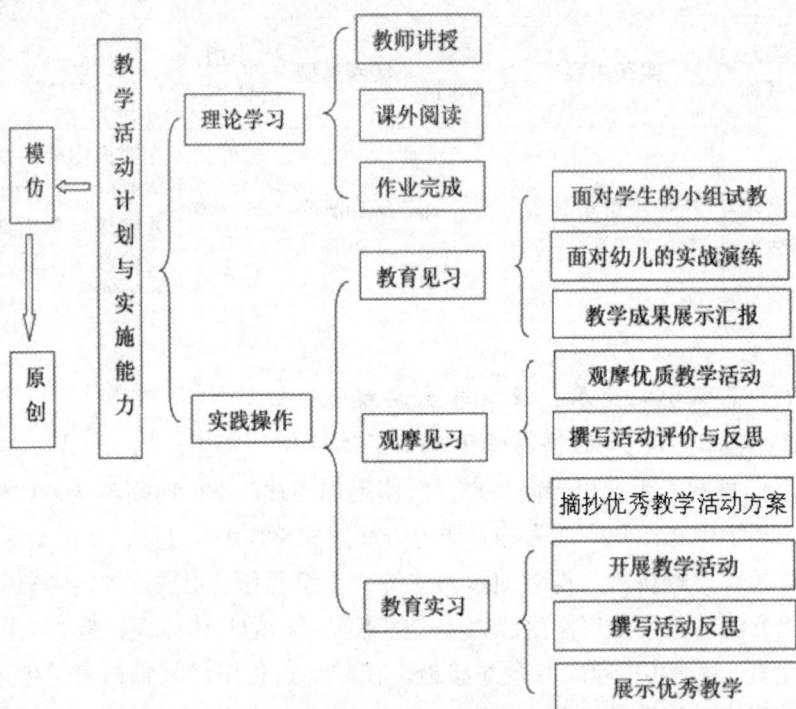

图 5-5　基于 OBE 理念的实践操作模式

（五）课程成果展示，变革评价方式

授课教师在学生操作演练的过程中遴选优秀教学活动案例，选取班级 1/4 的学生到幼儿园实操演练，既是练习过程，又是校、园合作提高学生教学活动计划与实施能力的方式，更是幼儿园领域教学课程成果的展示。不仅让学生充满成就感和满足感，还让幼儿园教师了解高校学前教育师资培养的基本模式，增进院园的相互了解与互动发展。

除此之外，改变了一考定终身的评价方式。改革后的评价模式包括平时考核和期末考核，平时考核注重出勤、小组讨论、文献查阅、撰写活动方案、案例分析等多维度、多层面的考核；期末考核注重对课程内容理论知识的了解，以及理论联系实际的环环相扣的问题回答，以全面了解学生教学活动计划能力的获得情况（见表 5-2）。

表5-2　《幼儿语言教育活动与指导》课程考核细则

考核环节	考核要求	分　值
出勤	按时上课，无迟到、早退、旷课情况。事假 1 次扣 2 分，迟到 1 次扣 3 分，早退 1 次扣 4 分，旷课 1 次扣 5 分	5
小组讨论	能做到生生互动、师生互动，学习状态良好，态度积极稳定，活动参与度高。1 学期每个小组至少有 2 次全班分享活动和 2 次组间分享活动	5
文献检索	查阅幼儿园语言教育活动现状、策略、设计等方面的文献，并形成文献综述。查阅的文献不得少于 20 篇，文献来源于 CSSCI 硕博士论文和学报	10
活动评价	结合《指南》《纲要》和所学专业知识，利用幼儿园教学活动评价表，对实践导师和同学开展的幼儿园语言教学活动，从活动设计、活动实施、幼儿发展三个维度合理评价。要求图文并茂，条理清晰，在分析问题的基础上形成建议	10
实践项目一	每人自选一本绘本，分析其三种语言，结合语言领域核心经验生成设计结构图，包括设计的基本结构、方法、提问	10
实践项目二	从文学作品欣赏活动、讲述活动、谈话活动、早期阅读活动中选择一个内容，递交一份幼儿园语言教学活动设计文案，包括设计思路、活动目标、活动准备、活动过程、活动反思	10
实践项目三	通过案例分析幼儿园讲述活动、谈话活动、早期阅读活动的异同	10
期末考核	阐述学前儿童言语发展的特点与学前儿童语言教育的意义，分析学前儿童文学欣赏活动、讲述活动、谈话活动与早期阅读活动的异同，并选择一个主题设计两种类型的教学活动，要求教学设计思路清晰，教学目标定位准确，活动设计层次分明，提问语、总结语规范	40

二、基于 OBE 理念的学前教育专业教育活动设计类课程的改革路径

教育理论与教育实践的整合应当是双向互动的，包括教育理论的实践化和教育实践的理论化。高校学前教育专业教育活动设计类课程的重大变革，是实现教育理论与教育实践的有机结合，将培养人才的质量作为改革的发力点与目标。

（一）理论＋实践，夯实学生专业知识储备

要掌握幼儿园教学活动设计的要领，必须具有深厚的专业知识储备。一般来说，幼儿教师应该具备的"专业知识"包括幼儿发展知识、幼儿保育和教育知识、通识性知识三个领域。"幼儿发展知识"涉及的范畴主要是指与幼儿健康成长有关的儿童生理学和心理学知识，这是幼儿教师知识结构的核心部分。幼儿教师要做好教育幼儿的工作，就需要先认识和了解幼儿，系统掌握幼儿生理和心理等方面的科学知识。"幼儿保育和教育知识"涉及幼儿园教育目标、内容、途径、方法、策略等基本知识，这是教师保教能力形成的基石。幼儿教师只有具备丰富的保教知识，才能依据教育规律和幼儿身心发展特点有针对性地进行教育。"通识性知识"所涉及的范畴主要是指与幼儿教育专业实践有关的科学文化知识，这是幼儿教师全面掌握和透彻理解幼儿发展知识和保教知识的基本前提和必要保证，也是幼儿教师个体文化素质的一个重要指标。

总之，深厚专业知识的储备是学生教学活动计划与实施能力获得的前提。而要促使学生专业知识储备的夯实，就必须加强学生理论知识的学习，同时以实践来促进学生对理论知识的进一步掌握。理论知识的学习主要集中在大一和大二两个学年，在这两年中要督促学生认真学习一、二年级开设的学前教育专业理论课程。在大三、大四两学年，实践课程的占比会逐渐增加，教师要引导学生积极参与实践学习。学生在教学活动计划与实施课程实践过程中，一方面通过亲身体验、亲自操作体会幼儿的能力发展水平；另一方面在真实情景中反思教学活动计划与实施过程中存在的问题，反促其专业知识的巩固与应用，这与 OBE 的基本理念如出一辙。

（二）教师＋名师，协同提高学生专业能力

高校教师专业理论体系严密，但去幼儿园实践的机会不多，参与幼儿园教学活动计划与实施少，开展幼儿园教学活动的体会缺失。还要提高学生教学活动计划与实施的能力，仅有理论知识深厚的高校教师不行，需要与幼儿园实践导师协同指导。学院与签订合作育人基地的幼儿园沟通，聘请在不同领域有所建树的幼儿教学名师担任实践导师。实践导师任务有二：一是在该类课程专业理论学习结束后的一周为学生开展名师示范教学；二是在学生下园面对幼儿开展教学活动时与高校任课教师共同指导。学生通过观摩名师示范，对优秀的幼儿教师教学活动开展的状态有直观感受，对幼儿园优质教学活动的设计有初步了解，对教学名师解决处理教学过程中的突发事件有所感知，同时经过幼儿园实践导师的专门精心指导，学生能更深刻地领悟教学活动计划的基本流程、设

计理念。

　　其实，对高校来说，外聘名师是一个值得尝试的路径。首先，外聘教师缓解了高校师资力量短缺的矛盾。随着招生规模的不断扩大，地方高校生源膨胀和师资短缺之间的矛盾日益凸显，很多新办专业受编制所限都不同程度地存在师资力量不足的情况。于是，作为解决生源膨胀和师资短缺之间的矛盾的一种方法，外聘教师越来越多地出现在高校讲台。其次，外聘教师改善了地方高校实践教学薄弱的境况。地方高校的专任教师基本上是从学校到学校，在理论教学方面具有一定的专长，但在实践教学方面则缺乏实战经验，很难卓有成效地开展实践教学。与专任教师相比，外聘教师大多是知识背景不同、实践经验丰富的专业人才，实战操作能力很强，在教学中言传身教，可以使学生将理论与实践结合起来，更好地理解所学知识，真正做到学有所用。基于对外聘教师（幼儿园专业教师）的这一认识，高校应该积极构建"教师 + 名师"的模式，从而在教师和名师的协同下促进学生专业能力的提高。

（三）模仿 + 反思，倡导学生专业学习体验

　　发展批判思维能力是当前高等教育人才培养的重要目标。在行动学习中，学生的专业课程不再是以接受学习为主的授受式课堂，质疑与反思成了课程学习的结构性构成，表现在对学习过程和学习内容的质疑与反思两个方面。[1] 对于高校学前教育专业的学生来说，教学活动计划与实施能力要从模仿优秀教学活动设计到自主设计教学活动，因为创造本身就是一种有中生有的实践活动，学生有大量模仿优秀教学活动的经验，才能为其下一步自主设计教学活动奠定基础。除此之外，基于 OBE 理念培养学生的反思精神与能力很重要。一方面，反思能力是幼儿教师专业能力之一；另一方面，反思意识是一名教师走向专家型教师的重要方式。这是学生获得专业学习体验、提高教学活动计划与实施能力的重要方面。

　　如何模仿？模仿的案例来自哪里？一是可以选取学前教育专业相关的杂志，如幼儿教育、学前教育、幼儿健康与发展、早期教育、教育导刊上发表的优秀案例；二是购买幼儿园五大领域教学活动设计案例集。这两条途径回避了学生无法从互联网遴选优秀教学案例的问题，因为杂志发表和书籍所呈现的案例都是教学名师在教育实践中设计好的、实施过的、效果好的活动。反思什么？一是自我反思，反思自己在教学活动过程中的教具准备、幼儿核心经验、

---

[1]　席小莉.高师学前教育本科专业课程的行动学习——以"幼儿园课程"为例 [J].教育理论与实践，2017，37（27）：47-49.

教学效果；二是对他人开展的教学活动进行反思，反思其在教学活动中目标的实现、内容的选择、方法的选用、过程的流畅、师幼的互动，以及教师个人所表现出来的基本素养（如语言的标准、姿态的自然、评价语言等）。

（四）学校+基地，建设学生实践学习基地

学校是学前教育专业学生提高活动计划与实施能力的主战场。在学校的实践操作缺乏真实情境，因为同班同学扮演幼儿，同学们会以最饱满的热情、最生动的语言、最美好的状态配合施教同学，看到的组织过程是顺畅的，教学效果是圆满的，教师状态是优秀的。但是，大学生和幼儿认知、行为方面的差异巨大，要想让学生能真正接触幼儿、了解幼儿，在真实情境中开展教学实践，就需要建立多个实践教育基地。所谓实践教育基地，是指按照实践教学的根本目的和要求，在充分研究和把握学生实践特点和规律的基础上，依据一定的模式，按照一定的步骤建立的，使学生能够有目的、有计划、有组织地参与实践教学活动，从而提高其专业知识、能力和素养的长期稳定的场所。实践教育基地承载实践教学任务的重要基础和必备条件，是提高实践教学质量的重要因素。实践教育基地一般分校内实践基地和校外实践基地。校内实践基地是指其位置在学校内部的实践基地，有利于实践教学体系的实施；而校外实践基地是指通过学校与各类单位合作建设成立，用于在校学生提升实践能力的场所。此处所指的实践教学基地主要指校外实践教育基地。

校外实践教育基地不仅是人才培养的重要基地，还是促进高校与地方产学研合作的重要纽带。实践基地的建设、运行和管理质量是衡量学校办学水平的重要标志之一，作为学校办学中的一项基础性工作，在学校改革和发展中具有重要的地位。而在实践教育基地具体的建设中，有几点需要注意：既要离学院近，又要是省级示范性幼儿园，更要有教学名师。基于以上选拔原则，学院可以与周边的示范性幼儿园建立合作育人基地关系，在每个学期的最后4周，由领域教学活动设计与指导的授课教师带领遴选的教学活动实施的佼佼者，前往合作育人基地幼儿园的多功能大厅开展真实场景下的教学活动。这才是最为真实、考验学生实力与水平的时刻，也是学生近距离接触幼儿、了解幼儿各方面发展能力的最佳时机，是深刻理解以幼儿为本的教学活动计划理念的方式。

（五）展示+比赛，促进学生专业能力提升

通过以上种种方式培养，学生会生成为数不少的优秀教学活动方案，一方面为了展示领域教学活动教学成果，另一方面为了给学生更多的锻炼机会，同时为低一级学生树立学习榜样，在学期结束，开展领域教学成果展示活动。具

体策略为任课教师推荐优秀学生，在学院各间功能室，请周边或合作幼儿园的幼儿配合开展领域教学活动实施，邀请合作基地幼儿园的教学副园长和保教主任担任评委，通过用人单位的实际考察反馈高校领域教学活动计划与指导类课程的教学质量，评判学生教学活动计划与实施能力的水平，这与专业认证的理念不谋而合，与 OBE 思想充分吻合。此外，选拔学生参加学前教育专业学生专业技能大赛，鼓励学生原创教学活动方案，凝聚学院教师团队力量，对学生的教学活动计划与实施开展有深度、有温度、有高度的专业指导。这个过程既是高校指导教师对各个领域核心价值取向互相学习的过程，又是凝心聚力为获取优异成绩奋斗的过程，更是学生提高专业能力的核心方式。

第六章 "互联网+"背景下学前教育专业教育活动设计类课程创新发展

第一节 "互联网+"背景下学前教育专业教学模式改革

一、什么是"互联网+"教育

(一)"互联网+"的概念

"互联网+"推动工业化和信息化深度融合,是两化融合的升级版,它将互联网作为当前信息化发展的核心特征提取出来,实现与工业、商业、金融业等行业的全面融合。这其中的关键就是创新,只有创新才能让这个"+"真正有价值、有意义。正因如此,"互联网+"被认为是创新 2.0 下的互联网发展新形态、新业态,是知识社会创新 2.0 推动下的经济社会发展新形态。

"互联网+"有以下六大特征。

一是跨界融合。"+"就是跨界,就是变革,就是开放,就是重塑融合。敢于跨界了,创新的基础就更坚实了;融合协同了,群体智能才会实现,从研发到产业化的路径才会更垂直。融合本身也涵盖身份的融合,如客户消费转化为投资、伙伴参与创新等。

二是创新驱动。中国粗放的资源驱动型的经营增长方式早就难以为继,必须转变到创新驱动发展这条正确的道路上来。这正是互联网的特质。用所谓的互联网思维来求变,自我革命,更能发挥创新的力量。

三是重塑结构。在信息革命与全球化的背景下,互联网业已打破原有的社会结构、经济结构、地缘结构和文化结构。权力、议事规则、话语权不断发生变化,"互联网+"社会治理、虚拟社会治理将会发生很大不同。

四是尊重人性。人性的光辉是推动科技进步、经济增长、社会进步、文化繁荣的最根本的力量,互联网的力量之强大,从根本上源于对人性最大限度的尊重、对人自身体验的敬畏和对人的创造性发挥的重视,如 UGC、卷入式营销和分享经济。

五是开放生态。对于"互联网+",生态是非常重要的特征,而生态的本身就是开放的。我们推进"互联网+",其中一个重要的方向就是要把过去制约创新的环节去掉,把孤岛式的创新连接起来,由人性决定市场驱动,让努力创业者有更多的机会实现价值。

六是连接一切。连接是有层次的,可连接性是有差异的,连接的价值是有很大差别的，但是连接一切正是"互联网+"的目标。

（二）"互联网+"教育的内涵

在现代信息社会，互联网具有高效、快捷和方便传播的特点，在学生的学习和生活中发挥着不可替代的重要作用，并成为学生学习的好帮手。它不但有利于提高学生上网学习和交流的能力，帮助孩子增长知识、开阔视野、启迪智慧，而且能更有效地刺激孩子们的求知欲和好奇心，更有效地促进学生养成独立思考、勇于探索的良好行为习惯，推动全面教育和更好地培养祖国未来的建设者和接班人。

"互联网+"是现代的主流思想，其意义是把传统的生产、销售、运营乃至生活方式都以互联网的思维进行全新的诠释。"互联网+"教育也是最近的热门话题，那么"互联网+教育"=？答案是互联网对教育的变革。

1. "互联网+"让教育从封闭走向开放

"互联网+"打破了权威对知识的垄断，让教育从封闭走向开放，人人能够创造知识，人人能够共享知识，人人能够获取和使用知识。在开放的大背景下，全球性的知识库正在加速形成，优质教育资源正得到极大程度的充实和丰富，这些资源通过互联网连接在一起，使人们随时、随事、随地都可以获取他们想要的学习资源。知识获取的效率大幅提高，获取成本大幅降低，这也为终身学习的学习型社会建设奠定了坚实的基础。

但是，从最近教育发展的现状来看，尽管信息技术培训在过去的十几年中开展了一轮又一轮，"校校通、班班通、人人通"通了一年又一年，网络课程建了一茬又一茬，但只要走进大、中、小学的课堂就会发现，课堂还是那样的课堂，除了PPT替代了传统的板书，与十几年前相比，并没有发生实质性的变化。我们不能简单认为这是教育本身的错，只能说是之前的互联网发展对教育的冲击力度不够，还不足以从根本上改变教育的生态环境。

新的时代，"互联网+"思维正在全面地改造着这个世界。2015年，互联网的发展步入了一个全新的阶段，其"连接一切"的特征开始展现得淋漓尽致，以"横扫一切"的霸气向传统行业发起了攻击。在文化产业教育领域，互联网已经发起了进攻号角。"互联网+"对教育的影响不可低估，这种影响甚至可能深至骨髓，直接摧毁传统守旧的教育生态，重塑一个开放创新的教育生态。这种新的生态不仅仅是在文化产业领域，也许会突破教育本身的界限，融入"学习型社会"的每一个角落中。

2. "互联网 +"让教育主客体界限逐渐模糊

在"互联网 +"的冲击下，教师和学生的界限不再泾渭分明。在传统的教育生态中，教师、教材是知识的权威来源，学生是知识的接受者，教师因其拥有知识量的优势而获得课堂控制权。在"互联网 +"时代，学生获取知识已变得非常快捷，师生间知识量的天平并不必然偏向教师。此时，教师必须调整自身定位，让自己成为学生学习的伙伴和引导者。

在"互联网 +"的冲击下，教育组织和非教育组织的界限已经模糊不清，甚至有可能彻底消失。社会教育机构的灵活性正对学校教育机构发起强有力的冲击。育人单位和用人单位也不再分工明确，而是逐渐组成教育共同体，共同促进教育协同进步。

从实质上看，"互联网 +"对教育的影响主要体现在教育资源的重新配置和整合上。一方面，互联网极大地放大了优质教育资源的作用和价值，从传统的一个优秀教师只能服务几十个学生扩大到能服务几千个甚至数万个学生。另一方面，互联网联通一切的特性让跨区域、跨行业、跨时间的合作研究成为可能，这也在很大程度上规避了低水平的重复，加速了研究水平的提升。在"互联网 +"的冲击下，传统的因地域、时间和师资力量导致的教育鸿沟将逐步被缩小，甚至被填平。

3. "互联网 +"加速了教育的自我进化能力

"流水不腐，户枢不蠹"，这句话告诉我们一个系统的自我进化能力是其生存和发展的根本。传统教育滞后于社会发展，教学内容陈旧，教学方式落后，教学效率低下，培养出来的人才不能满足社会发展的需求。这种自我进化能力低下的原因在于教育系统自身的封闭性。"互联网 +"敲开了教育原本封闭的大门，也加速了教育的自我进化。人人都是教育的生产者，人人又都是教育的消费者，这种新型的教育生态必然会更加适应社会的发展。

总体而言，互联网教育为文化产业人才培养中面对的诸多现实问题提供了合理的解决途径。互联网教育使教育资源得以最大限度地传播，使教育突破时间和空间的限制，为学习者提供了更多的选择机会和更便利的学习条件，从而克服了传统教育中由于教育资源配置不公平及专业化限制所带来的师资短缺问题、专业课程设置不合理的问题，使学生可以在全球范围内自主选择教师和学习的课程，不再只是被动接受所在学校的有限师资和千篇一律的课程安排。同时，学习者的身份不再局限于在校学生，无论在实际工作中遇到何种问题，都可以通过在线教育随时随地进行学习，这种带着问题的自主性学习使传统教育的人才培养目标问题、专业特色问题都变得不那么重要了。学校和学生之间的关系发生了逆转，变成学生主动选择自己要学习的知识，而不是被动接受学校的安排，改变了传统学校教育的甲方市场局面。

二、"互联网+"背景下学前教育专业教学模式改革的方向

（一）"互联网+课程"

"互联网+课程"不仅产生了网络课程，还让整个学校课程从组织结构到基本内容都发生了巨大变化。正是因为具有海量资源的互联网的存在，各学科课程内容才可以全面拓展与更新，适合学生的诸多前沿知识才能够及时地进入课堂，成为学生的精神套餐，使课程内容艺术化、生活化变成现实。在互联网发达之前，一些课程的讲授只能通过语言，对于一些较难理解的课程，学生常常是听得如坠云雾，而互联网的出现，使一些课程的讲述变得简单。基于此，除了对必修课程内容进行创新，在互联网的支持下，校本选修课程的开发与应用也变得天宽地广，越来越多的学校能够开设出上百门的特色校本选修课程，诸多从前想都不敢想的课程如今都成为现实。

（二）"互联网+教学"

"互联网+教学"形成了网络教学平台、网络教学系统、网络教学资源、网络教学软件、网络教学视频等诸多全新的概念，这不但帮助教师形成了先进的教学理念，改变了课堂教学手段，大大提升了教学素养，而且促使传统的教学组织形式发生了革命性的变化。正是因为互联网技术的发展，以先学后教为特征的翻转课堂才真正成为现实。同时，教学中的师生互动不再流于形式。通过互联网完全突破了课堂上的时空限制，学生几乎可以随时、随地、随心地与同伴沟通，与教师交流。在互联网的天地中，教师的主导作用达到了最高限度，教师通过移动终端，能即时地给予学生点拨指导。同时，教师不再居高临下地灌输知识，更多的是提供资源的链接，促进兴趣的激发，进行思维的引领。由于随时可以通过互联网将教学的触角伸向任何一个领域的任何一个角落，甚至可以与远在千里之外的各行各业的名家能手进行即时视频聊天，教师的课堂教学变得更为自如，手段更为丰富。

（三）"互联网+学习"

"互联网+学习"创造了如今十分红火的移动学习方式，但它绝对不仅仅是作为简单的随时随地可学习的一种方式而存在的概念，它还代表学生学习观念与行为方式的转变。通过互联网，学生学习的主观能动性得以强化，他们在互联网世界中找到学习的价值，找到不需要死记硬背的高效学习方式，找到

可以解开他们诸多学习疑惑的答案。研究性学习已被倡导多年，但一直未在中小学中真正得以应用和推广，主要是因为它受制于研究的指导者、研究的场地、研究的资源、研究的财力物力等。但随着互联网技术的日益发展，这些问题都能迎刃而解。在网络的天地间，学生对研究对象可以轻松地进行全面的、多角度的观察，可以对相识或陌生的人群展开大规模的调研，甚至可以进行虚拟的科学实验。当互联网技术成为学生手中的利器，学生才能真正确立主体地位，消除学习的被动感，自主学习才能从口号变为实际行动。大多数中小学生都将有能力在互联网世界中探索知识、发现问题，寻找解决的途径。

"互联网＋学习"对教师的影响同样是巨大的。教师远程培训的兴起完全基于互联网技术的发展，而教师终身学习的理念在互联网世界里也得到体现。对多数使用互联网的教师来说，他十分清楚自己曾经拥有的知识是以怎样的速度在锐减老化，也真正懂得"弟子不必不如师，师不必贤于弟子"的道理。互联网不但改变着教师的教学态度和技能，而且改变着教师的学习态度和方法。他们不再以教师的权威俯视学生，而是真正蹲下身子与学生对话，成为学生的合作伙伴，与学生共同进行探究式学习。

（四）"互联网＋评价"

"互联网＋评价"实际上就是另一个热词——"网评"。在教育领域里，网评已经成为现代教育教学管理工作的重要手段。学生通过网络平台给教师的教育教学打分，教师通过网络途径给教育行政部门及领导打分，而行政机构通过网络大数据对不同的学校、教师的教育教学活动及时进行相应的评价与监控，确保每个学校中的每个教师都能获得良性发展。换句话说，在"互联网＋"时代，教育领域里的每个人都是评价的主体，也是被评价的对象，而社会各阶层也将更容易通过网络介入对教育的评价。此外，"互联网＋评价"改变的不仅是上述评价的方式，还有评价的内容和标准。例如，在传统教育教学体制下，教师的教育教学水平基本上是由学生的成绩来体现的，而在"互联网＋"时代，教师的信息组织与整合、教师教育教学研究成果的转化、教师积累的经验、通过互联网获得共享的程度等，都将成为考评教师的重要指标。

三、"互联网＋"背景下学前教育专业教学模式改革的思考

（一）以信息化教学手段为依托的学科教学改革

在"互联网＋"的社会背景下，信息化教学手段的应用正在被更多的教师

和学生接受。常用的信息化教学手段有蓝墨云班课、自媒体和富媒体的使用等。蓝墨云班课是集班级管理、教学管理、课堂活动、发布资源多种功能于一身的教学软件。以往的学前教育专业理论课程如学前心理学、学前教育学和学前卫生学等科目理论性较强，教学多是以教师讲、学生听练的传统形式为主，不太注重学生的具体操作，所以效果并不是很理想。在蓝墨云班课中，教师以趣味性的活动展开特定的学习任务，而学生在良好学习氛围和情绪下自觉形成了围绕任务本身形成的学习共同体，在活动操作的过程中实现了良好的观察力、沟通力、协作力、创造力等核心素养的落实。

在"互联网+"的社会背景下，还可以充分发挥自媒体和富媒体在教育改革中的作用。自媒体是向不特定的大多数或者特定的单个人传递规范性及非规范性信息的新媒体的总称，如博客、微博、微信、抖音等。富媒体本身并不是一种具体的互联网媒体形式，而是指具有动画、声音、视频或交互性的信息传播方法，包含流媒体、声音、Flash 等。学生在搜索资源的过程中，可以充分利用以上媒体进行学习和探究，实现学生的自学和将知识与现实生活的情境相联系的能力。

（二）以 STEM 教育为依托促进学科间的融合

教育在"互联网+"的社会背景下，以 STEM 教育为依托促进学科间的融合教育。学前教育专业学生的核心素养并不是某一学科的目标，而是在学生发展核心素养的目标下，各学科齐心协力，各自完成目标的一部分。学科间的融合教育是学生发展核心素养的重要前提和保障。学前教育专业学生的核心素养大致可分为专业理论素养、专业通识素养、专业技能素养三个方面。专业理论素养包括学前教育专业的理论必修课，如三学五大教法课程；专业通识素养包括学前教育专业的公共必修课，如教师口语、儿童文学、写作、书法等学科；专业技能素养包括美术、舞蹈、音乐等方面的学科。基于 STEM 教育培养学生核心素养策略的关键是形成两个有机整合的闭环。这个闭环分为内外两层，内层指向学生的学，尤其重视学习目标、学习过程和学习评价三个环节；外层指向教师的教，主要包括教师整合内、外部资源和人力资源的能力。教师的教和学生的学共同起作用，才能起到发展学生核心素养的作用。

（三）以 OBE 理念为依托指向学生核心素养发展的单元设计

在"互联网+"的社会背景下，以 OBE 理念为依托指向学生核心素养发展需要按照学校的培养目标层层递进，落实到学科上，最后落实到单元设计上。比如，学前教育专业的教育目标可指定为培养适应经济社会发展需要，德、智、体、美全面发展，具有一定专业知识与技能，具备创新精神与实践能力，能够胜任学前教育领域教学、管理、咨询以及市场开发等工作的专科层次高素质人才。学校教育的目标需要逐层分解，最终落实到每一节课上，需要对每门学科的单元重新设计和调整。例如，在《学前心理学》第五单元"学前儿童记忆和想象的发展"一课中，根据学科的教学目标设定本单元能实现的教学目标以及相对应的能力指标，为每个单元的教学设定了既可实现又服务于总课程目标和学校教育目标的部分，使学生核心素养的发展不是一纸空谈，而是有据可依、有据可循的具体的教学活动方案。

第二节 微课在《学前幼儿语言教育活动指导》课程教学中的应用

一、微课概述

（一）微课的概念

在国外，"微课"伴随一系列教育改革实践而兴起，其概念可以追溯到 20 世纪 60 年代美国阿依华大学附属学校研发的微型课程，它是在学科范围内由一系列半独立的、小容量的学习单元组成的一种课程形式。1993 年，美国北艾奥瓦大学 LeRoy A McGrew 教授提出 60 秒课程；1995 年，英国纳皮尔大学 T.P. Kee 提出一分钟演讲，这些都是最早的微课的雏形。[1]

在国内，胡铁生于 2011 年 10 月率先提出了"微课"的概念："微课是根据新课程标准和课堂教学实际，以教学视频为主要载体，记录教师在课堂教学中针对某个知识点或教学环节而开展的精彩教与学活动中所需各种教学资源的有机结合体。"[2] 魏亮认为："微课程是一种由幻灯片转化而成的教学视频文件，由文字、画面和音乐共同组成，一般没有解说的声音，时间长度一般为几分钟，甚至可短至一分钟左右。"黎加厚提出："微课是指时间在十分钟以内，有明确的教育目标，内容短小，集中说明一个问题的小课程。"[3] 三位学者从不同

---

① 宋珂.微课在高中英语语法教学中的设计与应用研究[D].聊城：聊城大学，2017.

② 刘丽珍.微课在语文教学中的有效应用探索[J].教学管理与教育研究，2017，2（17）：60-61.

③ 黎加厚.微课的含义与发展[J].中小学信息技术教育，2013（4）：10-12.

的角度诠释了微课的含义，共同之处是都指出微课是"围绕着某个知识点、有着明确目标的短小微视频"。通过对学者的研究进行分析和总结，笔者将微课的定义归纳为：微课是指教师基于教学设计思想，使用相应软件或设备，对某一个知识点或教学环节录制的10分钟以内的一段小视频。

（二）微课设计的理论基础

微课的设计要有理论的支持，这些学习理论为微课的设计提供了基础保证，指明了设计方向。

1.建构主义学习理论

建构主义学习理论是20世纪80年代由瑞士的皮亚杰提出的，该理论认为学习者应积极主动地建构起关于外部世界的知识，其提倡以学习者为中心。学习者自主建构知识，其效果要比被动接受好得多。在教学中，学生应是主动者，教师是帮助者和指导者。将微课融入传统课堂教学中，学生通过微课进行自主学习，辅助学生有效率地自主建构学习的内容，可以提高学生学习的主动性。这符合建构主义学习理论的核心理念。

2.情景认知学习理论

情景认知学习理论着重探讨学生高层次思维能力的发展，而不是侧重学生对基础知识的死记硬背，是微课设计的重要理论基础。将课程的知识点和重难点制作成微课，让学生自主选择、自主学习，给学生学习发展提供了很大的空间。

3.基于案例的教学模式

这是一种以学生为中心的、理论与实践相结合的互动式教学方式。将幼儿园一线教师的教学制作成微课，借助案例，将学生置身于特定的情景之中，由教师给予恰当的引导，帮助学生从探究现象开始进行生成性学习，加强学习的迁移效应。

二、微课在《学前儿童语言教育活动指导》课程教学中的设计和制作

（一）《学前儿童语言教育活动指导》课程的教学目标

《幼儿园教育指导纲要》指出幼儿园的教育内容包含语言、健康、社会、科学、艺术五个领域。与幼儿园语言领域相对应的是职高幼教专业的核心课程——《学前儿童语言教育活动指导》。

《学前儿童语言教育活动指导》的主要内容是指导学生学会幼儿园语言教育活动的设计原则和实施方法，从而达到在幼儿园实施语言教育活动的能力，

达到《中小学和幼儿园教师资格考试标准》中关于幼儿园教师"教育活动的组织与实施"的要求。

本课程的总目标是理解儿童语言发展的特点，学习设计与组织实施各类语言教育活动的方法，建立正确的学前儿童语言教育的观念。该目标分解为以下内容。

1. 知识目标

（1）理解儿童语言发展的特点。

（2）了解幼儿园儿童语言教育的目标、内容和基本意义。

（3）掌握活动设计的原则和方法。

（4）学习各类语言教育活动实践的方法。

2. 能力目标

（1）具备语言教育活动设计和创新的能力。

（2）具备一定的组织和实践能力。

3. 情感态度目标

（1）坚持正确的教育立场。

（2）对学前儿童语言教育活动感兴趣，可以根据具体情况进行适宜调整。

（二）《学前儿童语言教育活动指导》课程的教学内容解析

本课程共有十章内容，共分为基础理论、专门的儿童语言教育活动和专业技能提高训练三大模块（见表6-1）。每个模块教学侧重点都不同，其中专门的儿童语言教育活动模块是课程的重中之重，不仅要求学生理解不同语言教育活动的特点，还要掌握设计的原则和方法。

表6-1　课程模块和内容

模块名称	内　容
基础理论	学前儿童语言教育概述
	学前儿童语言发展与教育
	3～6岁儿童学习与发展指南
	学前儿童语言教育评价

模块名称	内　容
专门的儿童 语言教育活动	学前儿童文学作品活动设计与指导
	学前儿童谈话活动设计与指导
	学前儿童讲述活动设计与指导
	学前儿童早期阅读活动设计与指导
	学前儿童听说游戏活动设计与指导
专业技能提高 训练	普通话语音训练
	故事讲述训练
	朗读技巧训练

1. 基础理论

重点在于掌握学前儿童语言教育的基本观点及发展的特点；各级目标的内涵及其关系；学前儿童语言能力培养的基本策略。

2. 专门的儿童语言教育活动

包括文学作品活动、谈话活动等五种语言活动。重点掌握五种语言活动的特点，以及这五种语言活动的设计和组织方法。

3. 专业技能提高训练

通过对学生进行普通话语音、故事讲述和朗读技巧的训练，以期提高学生的普通话水平，提升语言表达能力。

传统的教学模式侧重方案的创编，而对幼教专业学生来说，他们没有接触过幼儿，缺乏幼儿园教学的经验，不易把握幼儿语言发展的特点，很难设计出符合不同年龄段幼儿语言特点的活动方案。要达到以培养学生职业技能为最终的教学目标，让学生准确把握儿童语言活动的理论知识，提高组织语言活动的能力，就必须深化课程改革的教学理念，将微课融入传统教学，对《学前儿童语言教育活动指导》的教学内容和知识点进行分解，并制作成微课，让学生根据自己的学习需要和进度来进行针对性的学习，使学生更好地掌握要点，提升学生的教学能力，加强学生的实践训练，使理论与实践更好地融合在一起。

（三）《学前儿童语言教育活动指导》微课的设计原则

为了更好地将微课与课程相结合，达到理想的效果，在制作微课时要遵循一定的原则。通过对我国现有的一些微课程理论进行分析，笔者归纳出微课的设计应遵循以下原则。

1.学生主体原则

制作微课的最终目的是帮助学生更好地学习这门课程。教师在设计微课时必须时刻以学生为中心，了解学习者的学习需求，考虑到学习者的水平和心理特征，毕竟学生才是微课程的最终使用者。微课中所有的内容包括课程内容的选择、课程内容的呈现形式、课程难点的把握、教学活动的设置、题目的编排等都要以学生为中心，以激发学生学习兴趣、调动学生积极性为前提。调动学生的兴趣是实现微课真正价值的关键。

2.针对性原则

微课的内容比较短小精悍，一般控制在 10 分钟以内，所以教师需要提高微课的针对性，在 10 分钟之内把重难点讲解清楚。这就要求教师要分析微课的学习内容，清楚微课的内容与本节课知识点的关系，从而达到微课教学的目标。只有针对性地帮助学生解决在学习时遇到的问题，学生才会感到微课学习有用，微课教学才会起到作用。

3.交互性原则

学生利用微课进行学习时，为了避免学生产生枯燥感和乏味感，增强学生的学习记忆，就得加强微课的交互性设计。心理学研究表明，"采用视听元素结合的形式可以扩大工作记忆的信息处理容量，并增强工作记忆效率，降低工作记忆的认知负荷"。[①] 因此，在设计微课时应该适时加入视频和音频等元素，提升微课的可观性和趣味性，也可设置问题和任务，引导学生思考和讨论，增加师生的互动。

三、微课在《学前儿童语言教育活动指导》课程教学中的运用

（一）教学策略

在了解了微课的设计原则和方法后，笔者认为，还需要把握几种将微课运用于课堂的教学策略，以便更好地与课堂教学融合。

1.演示教学法

演示教学法即教师借助某种道具或多媒体把生活中一些具体事例通过简单明了的演示方法展示给学生。在《学前儿童语言教育活动指导》课程教学中，教师将课程中一些抽象的知识点制作成微课，通过观看微课，帮助学生加深对知识的认知和理解，增强学生的直观感受。比如，学生观看微课《小兔找太阳》

---

① 彭薇．微课在中职专业课教学中的应用研究 [D]．南宁：广西师范学院，2016.

（小班语言）、《金色的房子》（中班语言）、《蜗牛》（大班语言），很容易就能观察到小班、中班、大班不同年龄段幼儿语言的特点，使他们直观感受到不同文学作品开展语言活动的不同特点，有利于课堂教学的开展。

2.任务驱动教学法

这是使学生在完成特定任务的过程中获得知识与技能的一种教学方法。在《学前儿童语言教育活动指导》课堂教学中或课后，教师根据教学目标布置作业任务，让学生制作微课，与教师进行反馈和互动，从而获得知识，提升学生的实践技能。

3.模拟教学法

它是指学生在教师的指导下，在模拟的工作环境中，扮演实际工作环境中的角色，从事有关职业内容的一系列活动的教学方法。幼师专业培养的是未来的幼儿教师，《学前儿童语言教育活动指导》培养的是幼儿教师在幼儿园开展语言活动的能力。在教学过程中，教师利用微课教室，让学生们根据活动主题模拟上课，并录制微课，让学生分组进行讨论，及时指出问题，便于学生更好地掌握教学内容，提升教学技能。

这些方法的运用，对微课完成现实课堂的教学任务可以起到积极的作用。

（二）案例分析

通过对《学前儿童语言教育活动指导》课程的十个章节进行分析，并对核心内容和重难点进行罗列和分解，教师根据不同的知识点和侧重点制作微课课程设计方案，学生在课堂上观看微课，和教师进一步讨论和交流；课后自己制作微课，与教师进行反馈和互动。课上和课后紧密结合，这样微课就能为完成现实课堂的教学任务起到积极的作用。

下面笔者就选取《学前儿童语言教育活动指导》课程中第三章第二节《学前儿童文学作品活动的设计与组织指导》和第五章第二节《学前儿童讲述活动的设计与组织指导》进行具体案例分析。

案例一：《学前儿童文学作品活动的设计与组织指导》的教学设计

1.教学目标

（1）明确学前儿童文学作品的内涵和特点。

（2）掌握学前儿童故事活动的设计过程。

2.授课课时

2课时。

3.教学策略选择与设计

（1）教学方法：演示教学法、任务驱动教学法。

（2）教学资源：多媒体教学设备、微课视频资源。

4.教学过程

（1）观看微课导入。

同学们观看微课：《小兔找太阳》（小班语言）、《金色的房子》（中班语言）、《蜗牛》（大班语言）。初步体会不同文学作品开展语言活动的不同特点。（演示教学法）

【教师】刚才是幼儿园不同的文学作品开展的语言活动，今天我们就来学习学前儿童文学作品活动的设计与组织指导。

（2）讨论微课，引出学前儿童文学作品的内涵和特点。

①【教师】请同学们思考一下，在刚才的语言活动中，都包含哪些文学作品？

【学生】讨论：有童话，有诗歌，有故事。

【教师】概括学前儿童作品的含义：学前儿童文学作品是指与 0～6 岁儿童发展水平及接受能力和阅读能力相适应的各类文学作品的总称。它包括童话、笑话、儿歌、儿童诗、儿童散文、绕口令、谜语等多种文学体裁的作品。

②出示 PPT，让学生欣赏 3 种儿童文学作品。（形象直观，能够引发学生思考）

【教师】布置任务：找出这些儿童文学作品的共同点。（任务驱动教学）

【学生】回答：内容简单，语言优美，容易理解，篇幅短小。

【教师】总结。

学前儿童文学作品的特点：教育性；文学性；浅易性；趣味性。

③我们已经了解了学前儿童文学作品的含义和特点，那么我们如何去开展学前儿童文学作品活动呢？下面我们来学习一下学前儿童文学作品活动的设计与组织指导。

（3）观看微课：《学前儿童故事活动设计过程》（借助微课资源进行讲解，形象直观，边示范边讲解，分解步骤）。

学生通过教师录制的微课了解学前儿童故事活动设计过程。

【教师】总结。

学前儿童故事活动设计过程具体如下。

①恰当导入：创设情境，引出故事。

②通过幻灯片、故事课件等形式，辅助教师生动有感情地第二遍讲述故事。

③理解故事。

④迁移故事经验。

⑤活动延伸。

（4）利用网络手段和微课课后拓展学习。（任务驱动法）

同学们尝试将学前儿童诗歌、绕口令和谜语活动设计制成微课，上传到平台上，进行评价和反馈。

案例二：《学前儿童讲述活动的设计与组织指导》的教学设计

1.教学目标

（1）明确学前儿童讲述活动的含义。

（2）了解讲述活动的种类和特点。

（3）掌握讲述活动的设计和组织的基本结构。

2.授课课时

2课时。

3.教学策略选择与设计

教学方法：任务驱动法、模拟教学法。

4.教学过程

（1）观看微课导入。

同学们观看微课：《我的爸爸》（中班讲述活动）。初步体会幼儿园教师和小朋友之间讲述活动开展的情境，初步感知小朋友讲述时语言的特点。

【教师】刚才是幼儿园中班开展的讲述活动《我的爸爸》，今天我们就来学习学前儿童的讲述活动。

（2）讨论微课，引出讲述活动的含义。

【教师】请同学们思考一下，在刚才的讲述活动中，小朋友们都描述了自己的爸爸，他们有什么共同点和不同点？

【学生】讨论：有固定的讲述对象（爸爸）；小朋友们都对讲述对象进行了描述；描述的特征有的相同（性别），有的不同（体貌、职业）；在集体场合敢于表达自己的想法。

【教师】概括讲述活动的含义。

（3）观看微课：《难忘的事》（大班讲述活动）。

【教师】提问：在微课中，小朋友们都讲了哪些难忘的事？

【学生】回答：有的拿出准备好的照片讲述了自己的旅行活动；有的通过动作向我们讲述了动物园里的老虎和孔雀的样子；有的讲述了和爸爸妈妈第一

次坐火车的情景；有的讲述了和自己家小猫玩耍的事；有的讲述了第一次到商店给妈妈买东西的事情……

【教师】总结。

讲述活动的种类（4 种）：看图、情景、生活经验、实物。

讲述活动的特点：①要有一定的凭借物；②有相对正式的语境；③讲述旨在锻炼一种独白语言。

（4）我们已经了解了学前儿童讲述活动的含义、种类和特点，那么我们如何去开展讲述活动呢？下面我们来学习一下学前儿童讲述活动的设计与组织指导。（任务驱动法）

请同学们先根据图片，设计一份中班讲述活动《春天在哪里》的教案，我请一位同学到台上来模拟上课。（模拟教学法）

（5）观看微课:《春天在哪里》（中班讲述活动）。

学生通过模拟教学和微课进行比较，找出不足，加深理解。

【教师】总结。

讲述活动的设计与组织的基本结构有 4 个步骤：①感知理解讲述对象；②运用已有的经验讲述；③引进新的讲述经验；④巩固和迁移新的讲述经验。

（6）利用网络手段和微课课后拓展学习。

作业：同学们将课堂上的教案设计制成微课，上传到平台上，进行评价和反馈。

第三节　基于翻转课堂混合式教学在《幼儿园科学教育活动设计与指导》课程中的应用

一、翻转课堂概述

（一）翻转课堂的概念

继微课之后，美国教育界又提出了依托微课而实现的"翻转课堂"教学模式，其英文名称为"Flipped Classroom"。进一步对此单词的发展线索展开追溯就会发现，在"微课"教学法诞生之前便出现了与"翻转课堂"相近的"Inverted classroom"这一概念，它最初是由佛罗里达州迈阿密市的三位教师——Maureen J Lager、Glenn J Platt 和 Michael L Treglia 所使用。但"Inverted classroom"只是与"Flipped Classroom"词义相近，并不包含采用信息化教法来促成"课堂教学与课后自主学习"这两者功能翻转的实施方案。

与此同时，J Wesley Baker 在全美"第十一届高校教学国际研讨会"上首次提出了"classroom flip"一词，标志着翻转课堂概念的初步建构。2008 年，美国多家媒体对林地公园高中的化学教师乔纳森·伯格曼和亚伦·萨姆斯所开展的以网络短视频为支撑、线上线下融合式的教学实验进行了广泛报道，并将其命名为"Flipped Classroom"。从此，"翻转课堂"正式得其名称。

布瑞恩·冈萨雷斯提出，"颠倒的教室"是指把传统意义上传授知识的大部分流程转移到教师之外的课余时段，这样就赋予了学生更多的选择权利，可以通过与教师的沟通交流，选择更适合自身基础状况的学习策略和学习内容，进而有效地更新自身的知识体系。布瑞恩·冈萨雷斯对翻转课堂做出的界定，能够使读者一目了然地明确这种教学模式与传统教学模式之间的区别。然而，他的定义也存在不足之处，即仅描述了翻转课堂构建与实施过程中的主要操作方法，未能从理性的高度给出翻转课堂的精确定义。

2011 年 7 月，以美国为首组织举办了翻转课堂大会，邀请了全国各地的教育专家，就翻转课堂定义中的内涵、特征等进行了全面的讨论，以便更为清晰地展现翻转课堂的功能和价值，指导教学工作者能够在工作实践中合理地运用。微课作为课堂教学中的一种实施手段，为教学开展提供了更加广阔的空间，使师生间的交流和互动更加多元，促进了学生知识个性化发展。尤其是对教师来说，课堂角色发生了新的变化，教师的主导地位弱化，学生的主体地位得到凸显。教学视频将传统的教学内容进行了优化和精简，知识重难点更加突出，学生自主学习的潜力也被逐渐地激发出来，使课堂教学呈现出新的效果。显然，这次大会对翻转课堂定义的探索，让众多研究者对翻转课堂产生了新的解读，也做出了实质性的探索，进一步明确了教师在翻转课堂中的地位。

"翻转课堂"是一种对原有课堂教学模式进行颠覆性反转的教学手段。其具体方法是，由教师在课前利用各种方法督导学生展开对课堂所要学习内容的充分预习；而在课上，教师则借助提问等各种方法来测查学生对知识、技能的预习掌握情况，并据此对每一名学生都展开有针对性的个性化指导。这样，原本由传统课堂讲授的内容大部分放到了课下由学生展开比较细致的预习，而传统的课堂讲授流程则演变成了教师同学生进行互动交流和针对指导的过程。在这种教学模式下，传统课堂教学模式和教师的角色都得到了反转，因此被称为翻转课堂。

（二）翻转课堂教学模式的理论依据

1.建构主义理论

建构主义教学模式主张以学生为中心，由学生主动建构知识的意义，教师以促进者、引导者、组织者和帮助者的身份在情境、对话、合作等学习环境下调动学生的主动性和积极性，发挥其创造精神，使学生对正学习的知识的意义建构得到实现。在这种模式下，教材所提供的知识成为学生主动建构意义的对象，不再是教师传授的内容；媒体也不再是教师教授知识的手段和方法，而是创设情境、协作学习和会话交流的辅助，即学生主动认知、思考、协作探索的工具。

翻转课堂重视学生的个性发展，关注每一个学生的现有发展水平，制定符合学生自身实际情况的学习方案。翻转课堂注重学生的问题意识的培养，让学生学会自主学习，学会发现问题，善于提出问题，体验到"发现问题—分析问题—解决问题"的思维过程，注重学生的社会交往能力和自我表达能力的提升。相比传统课堂，翻转课堂让学生摆脱时间和空间局限，免于久坐课室接受灌输式的学习，在讨论过程中完成作业，大大增强学生学习的内驱力和学习效能感。

在翻转课堂中，教师充当组织者、指导者、帮助者和促进者的角色，通过视频引发学生个体思考、合作探究解决问题，促进并实现对所学知识的意义建构。学习过程中，学生是学习的主人，掌握主动权和决定权，根据自身情况，通过个体和合作方式，利用教师提供的网络资源和通信工具进行交流学习。在课堂上，教师根据个体差异进行辅导，学生根据需要进行深层次探讨或新知识的意义构建。

2.多元智能理论

20世纪70年代，耶鲁大学心理学家罗伯特·斯滕伯格提出分析性智力、创造性智力、实践性智力的三元智力理论。80年代，美国哈佛大学教育研究院的心理发展学家霍华德·加德纳提出多元智能理论，定义智能是人在特定情景中解决问题并有所创造的能力，并且指出每个人都拥有八种主要智能：语言智能、逻辑—数理智能、空间智能、运动智能、音乐智能、人际交往智能、内省智能、自然观察智能。加德纳认为，个体之间的智能结构存在明显差异是因为生长环境和教育存在差异，而每个人都有自己相对较强的智能和不同于别人的智能组合结构，教师的作用是要让学生的优势智能获得发挥，从而促进各项智能的全面发展。在评价上，他提出了扩展学生学习评估基础的"智能本位评价"；他还提出了有别于以前教育评估功能和方法的"情景化"评估。[①] 多元智能理论有助于形成正确的智力观、评价观和发展观，有利于转变教学观、学生观。

在多元智能理念指导下，教学分为感知、沟通、传授和综合应用四个阶段。首先，通过触觉、嗅觉、味觉和视觉等多种感官经验激发各种智能，感性地识别周围事物的各种特征；其次，通过接触身边的人、事物或特定情景来体验情感，调整并强化认识活动；再次，通过学习方法与策略的传递，关联智力的开发与教学的重难点，让学生了解自己的智力程度，开发潜能；最后，通过评估促使学生综合运用多种智能，自信学习，并获得成功。

翻转课堂注重个体差异，在多元智能理论下，发掘优秀学生并为他们提供合适的发展机会，使他们茁壮成长；扶助有问题学生并让他们采取更合适的方法去学习。学生有更自由的空间、时间和方式进行学习。课堂上，学生参与学习讨论并解决问题，而教师能及时掌握不同学生的情况和他们的学习进度，采取不同的策略进行引导。评价上也并非像传统模式一样交书面的作业，而是关注学生的学习过程，对不同学生的评价标准和要求不同，如形成性评价与结果性评价、发展性评价与诊断性评价、学生互评和自评等多元化评价方式。

3. 混合式学习理论

混合式学习是运用适当的学习方法并结合适当的学习习惯，在适当的时间对适当的对象教授适当的能力，达到最优化的学习效果的学习方式。何克抗指出，所谓的混合式学习就是要结合传统学习方式和数字化或网络化学习两者的优势。也就是说，在教学过程中，教师发挥着引导、组织、启发和监督的作用，而作为学习过程主体的学生则体现主动性、积极性与创造性。当这二者结合起来，优势互补时，学生才能获得最佳的学习效果。[②]

在多种学习理论的指导下，混合式学习的学习策略能满足不同的学习者的需要，适合不同层次的学习目标，适应不同学习环境和不同学习资源的要求。混合式学习主张以学习者为中心，进行主动探索式的学习，综合多种功能并让学习者能参加多个正式或非正式的学习活动。无论是资讯获取、内容学习、技能评估、工具应用、技能训练还是合作环境，都是围绕学习者展开，完全在以学习者

① 陈树英.多元智能评价理论在高职院校英语课程教学评价体系中的应用 [J].晋城职业技术学院学报，2015, 8（4）：24-27.

② 何克抗.从 Blending Learning 看教育技术理论的新发展 [J].国家教育行政学院学报，2005（9）：37-48, 79.

为中心的环境中建立起来。它要求充分利用互联网，将线上学习、线下学习和现场面授有机结合，既有传统和围绕网络开展的自主学习，又有即时与非即时、同步与非同步的教师讲授，也可以进行讨论学习、合作学习和小组学习。

混合式学习的重点在于如何混合，而不是混合什么，其目的在于获得最佳的学习效果和经济效益。翻转课堂是既有学生在线学习和讨论，又有与教师和同学面对面的讨论练习，是在线学习和面授的完美结合，是理想的"混合"课堂。

二、翻转课堂混合式教学在《幼儿园科学教育活动设计与指导》课程中的应用建议

（一）精心制作学习资源，目标引领自主学习

在翻转课堂混合式教学中，教师可以通过精心设计学习资源、制定学习清单、在线互动辅导等方式，引领学生自主学习。

第一，教师精心制作学习资源。翻转课堂的课前学习资源并不单指微视频，教师应根据学生的认知特点，精心制作丰富的多种类型的学习资源，如微视频、文本材料、课件、图片、网站等。在梅耶的多媒体学习模型中（见图6-1），区分了信息加工相对独立的听觉通道和视觉通道，这两个通道分别加工处理文本信息和图片信息，并且两个通道处理信息的容量有限，如果学习材料中只包含文本方面的内容，就很容易使加工视觉信息的通道负担过重。梅耶提出利用文本和图片两种媒体呈现一种信息可以提高学习效率，因此教师应以多种媒体形式呈现学习资源。首先，学习资源的制作应考虑学生的学习特点，内容难度适中，不能过于简单或过于复杂，使学生自主学习过程中有一个循序渐进的过程。其次，既要体现知识性，又要有趣味性和示范性，对课前学习材料做深层次挖掘，提炼知识精华，分解知识点，以简练的方式呈现内容，如微视频内容呈现的方式可以多样化，采用讲授 + 示范等方式。最后，根据学生自主学习的反馈，及时补充学习资源，满足不同层次学生的学习需求，实现个性化教学。

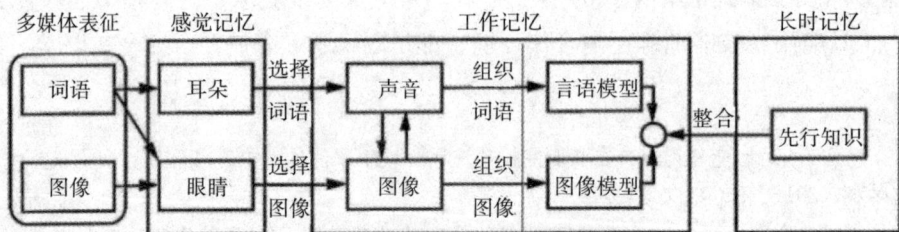

图 6-1　梅耶的多媒体学习模型

第二，制定学习清单，目标引领自主学习。在翻转课堂的实践中，有不少教师误将翻转课堂的课前学习等同于传统课堂中的预习，只是让学生完成学习资源的观看，没有明确的学习要求与目标，使课前学习没有达到"理解"的水平。在课前学习阶段，教师制作的学习清单可以帮助学生明确学习目标。研究表明，"学习目标"对学习者基于教学视频的自主学习效果显著。学习清单主要包括课前学习的内容、目标、方法以及课前练习任务。在课前，教师将学习清单与学习资源通过平台发送给学生，而学生在阅读学习清单后便围绕学习资源开展自主学习，在目标的引领下完成意义建构，这有助于学生养成自主学习的习惯。

第三，重视检测，及时交流。基于学生有限的自主学习能力，学生在自主完成课前练习的过程中一定会遇到困惑，所以教师需及时通过网络交流平台，与学生进行在线互动，及时解答学生的困惑，实现课前的有效学习，同时检测学生课前学习情况，做到有针对性的课前教学备课，提高课堂教学效益。

（二）搭建信息化的教学环境，满足学生自主学习的需要

在翻转课堂课前学习阶段，学生需要利用学习平台进行自主学习，完成课前练习；在课中学习阶段，学生也需要根据自身的学习速度和学习进度在平台上开展小组协作学习与讨论，而学校或教师搭建的信息化教学环境，可以很好地支持学生的自主学习、个性化学习，满足学生充分利用碎片化时间学习的需要。除了提供校园无线网络，翻转课堂教学模式中的网络交流平台也是翻转课堂开展的前提条件，这类网络交流平台具有管理、辅助教学、交流协作、反馈等功能。

在分析国内外成功的翻转课堂教学案例的过程中，我们发现网络交流平台的种类比较多，对教师的信息化水平和网络技术的要求也不同。在国内外使用较多的网络平台有 MOOC（Massive Open Online Courses）平台、Moodle（Modular Object — Oriented Dynamic Learning Environment）平台、wikispaces 平台、云服务平台、QQ 群平台和微信公众号平台等，教师根据自身信息化水平和师生使用习惯选择合适的网络交流平台。

（三）提供支持性的学习氛围，促使学生内化知识

影响学习的一个重要外部条件是教师为学生提供的支持性的学习氛围，包括教师的个别辅导与同伴协作。在课中学习阶段，小组协作学习与教师个别辅导是帮助学生内化知识的重要手段。为了确保小组协作学习的成效，实现有效教学，教师应注意以下几点：一是组建小组应遵循组内异质、组间同质的原

则，采用自愿分组和协调安排的方式，把学生分为若干小组；二是设立组内职务，除了小组长，还设有记录员、监督员，明确岗位职责，实行轮换制，帮助学生树立主人翁意识，激发协作学习的积极性；三是每次课程结束后，教师根据小组作业完成质量与协作学习效果等，给小组评分，通过过程性评价和结果性评价，提升小组协作学习的质量；四是由于教师在小组协作学习环节发挥着关键性作用，教师应巡视和掌握每个学生的学习情况，并进行有针对性的个别辅导，实现个性化教学。学生在与教师、同伴相互作用的过程中，将知识内化为自身知识贮存的一部分。

（四）成果分享与评价相结合，切实提升教育教学能力

成果分享是课中活动的一个重要环节，它主要是展示所完成的作业或者任务。教师根据作业内容，可以采用多种展示的方式。在此类课程中，成果一般为学生所设计的教案、案例分析结果、观察记录结果分析等，教师可以采用模拟教学、讲述等方式。例如，《幼儿园科学教育活动设计与指导》课程中的《教育活动中导入的方法》一课，学生可以采用模拟教学方式展示自己设计的导入方法。教师在这个过程中需要针对不同学生的问题一一进行点评，解决学生出现的问题，帮助学生真正内化知识。成果分享的过程也是评价反馈的过程，教师和学生都要参与其中，如设计《教师评价表》《小组互评表》《学生自评表》，实现学生自评、生生互评、教师评价，促进教学评价的多元化发展，切实提升幼师专业学生的教育教学能力。

三、翻转课堂混合式教学在《幼儿园科学教育活动设计与指导》课程中应用的具体流程

（一）教学分析

1.内容分析

本次内容选自"十三五"规划教材《幼儿园科学教育活动设计与指导》。本内容选自模块二《集体教学活动设计与指导》中的任务二《实验操作活动的设计与指导》，根据本专业课程标准和幼儿教师岗位要求，整合教学内容。本内容设计为2学时。

2.学情分析

本次课面向的是大二学生，他们普遍具有职业认同感，爱思考，动手能力强，喜欢做中学、做中创。通过《学前儿童发展心理学》《学前教育学》《现代教育技术》等先导课程的学习，学生已具备了一定的专业理论知识和信息技术应用能力。本课程前期模块的学习掌握了幼儿园科学教育活动的一般理论知识，能够在已有经验的基础上，理解实验操作的内涵及过程。但对于科学探究还是停留在理论层面，认识不够深刻，无法针对具体的实验活动设计适宜幼儿的科学探究活动。

3. 教学目标

（1）知识目标：理解实验操作活动设计的基本模式及设计要点。

（2）能力目标：能够设计科学合理的幼儿园实验操作活动。

（3）素质目标：提升科学素养，树立科学的探究教育观。

（二）教学过程

本节课围绕真实项目任务，将教学过程分为课前感知初探、课中提升内化、课后检验拓展三阶段，以此来实现教学目标，突破重难点。

1. 课前感知初探

教师通过教学平台，推送学习任务。学生登录平台查看任务，完成问卷调查。教师总结分析学生对科学实验的经验基础及实验探究观。学生查看单元导学单，明确本单元任务。通过观看微课并完成相应的测试，学习理论知识，了解幼儿园实验探究的特点及基本类型。然后，观看优质课视频，尝试总结梳理实验操作活动设计的要点。学生以小组为单位准备一个科学小实验，并尝试设计方案提交平台。学生通过参与完成课前各项任务获得经验值，教师时时关注学生的参与情况，利用平台提醒未查看班课活动的同学查看和参与活动，并随时与学生进行交流讨论。最终，教师在平台查看学生的学习情况，并赋分小组提交的设计方案，聚焦教学重难点。

2. 课中提升内化

（1）情境导入。教师以生活中常见的牛奶、色素和洗洁精的实验视频导入，让学生进一步感受实验的神奇魅力，激发学习兴趣。为接下来如何在幼儿园设计实验操作类活动这一任务做好铺垫。

（2）小组汇报。利用课前对各小组任务的评分情况，有针对性地选择小组代表借助网络教学综合平台汇报自己组上传的幼儿园实验操作活动的方案，利用学习通的"投票""随机选人"等互动性功能，调动学生的积极性，以"经验值"作为奖励。在教师点评和小组互评中整体感知实验操作活动的基本模式，明确幼儿园实验操作过程就是引导幼儿动手动脑探究的过程，深化对探究的感知。

（3）突破重难点。教师和学生一起归纳整理汇报时方案中出现的问题，一起进行重难点的探讨，围绕实验探究这一核心，从理论层面针对实验操作设计时的材料、问题、记录表、交流讨论等方面进行探讨，应用学习通的"举手""抢答""随机选人（摇一摇）""手动选人"等功能与学生开展实时互动，以"经验值"作为奖励鼓励学生大胆参与课堂活动，使学生进一步明确实验操作活动设计的要点，内化知识。

在明确要点后，为了让学生更好地把握设计要点，将借助优乐美虚拟平台，让学生观看虚拟平台上关于实验操作活动的动画及教案和优质课视频。通过这个小实验，将幼儿园如何选择材料、设计问题及引导幼儿探究为任务点，使学生能够在更加直观形象的体验中，进一步加深理解，巩固重点，突破难点。

（4）优化方案。各组根据设计要点，针对自己小组课前提交的幼儿园实验操作方案上的问题进行优化修改，并选择代表在组内进行模拟试讲，教师进行随机指导，学做合一。

（5）模拟演练。请小组代表把自己组优化的方案在幼儿园教育活动室进行模拟试讲，利用录播系统进行同步录播，并连线一线幼儿园专家。初步把理论运用于实践，对设计的方案进行初步的检验。对于检验效果的评价，我们采用的是一种多维度的评价，既包括教师和学生的评价，又包括远程连线一线幼儿园专家的评价，提高了评价的有效性和专业性。学生根据意见进行修改并小结。

3.课后提升

各小组运用完善好的实验操作方案去见习幼儿园实施，并进行反思小结，进一步加深对实验操作活动设计要点的把握力度。

（三）教学评价

至此，整个教学过程结束。通过平台数据记录分析，学生学习的参与度非常高。学习过程中的学习轨迹和得分情况也由课程平台全程记录，并按照预先设置的权重将线下学习成绩输入平台，分析、生成综合性评价，而优秀的作业和作品被充实到了课程资源中，实现了动态追踪、适时评价、有效督学的目的。

第四节 基于在线开放课程平台项目化教学在《幼儿园教学活动设计与指导》课程中的实践

一、当前主流的三家在线开放课程平台分析

目前，国内教育装备市场庞大，且正当在线开放课程大行其道之时，众多厂商纷纷抢滩这一领域，推出自己的中文在线开放课程平台产品。各家厂商的产品各有特色，但整体的方向上并未摆脱美国三巨头的影子。笔者选取了目前规模和影响力较大的三家课程平台进行对比。这三家在线开放课程平台分别为智慧树、中国大学MOOC、学堂在线。

智慧树：智慧树是全球知名的学分课程服务平台，会员已囊括近200所大学，包括百强大学中的80所，覆盖近300万名大学生，正在帮助以北京大学、复旦大学为首的数百所高校进行教学方法改革、教学质量提升。名校名师名课，线上线下结合，提高教学品质。依托东西部高校课程共享联盟，实现"以学生为中心"的在线自主学习讨论、跨校大课堂直播互动、学分认证及学位支持，帮助政府、联盟、学校达成优质课程资源共享。

中国大学MOOC：由高等教育出版社联手网易推出的中文在线开放课程平台，目前提供各类型在线课程900余种，并且为国内各高校提供"学校云"服务，帮助各高校打造自己的在线开放课程平台。网易公开课于2010年10月推出，当时著名的哈佛大学幸福课等都可以在网易公开课平台找到。而依托高等教育出版社的官方背景，双方都可以发挥出各自更大的优势，推动中国大学MOOC的快速发展。

学堂在线：是教育部在线开放课程研究中心的官方合作平台，是教育部在线教育研究中心的研究交流和成果应用平台。始终致力通过来自国内外一流高校开设的免费网络课程，为学生提供系统的高等教育。通过和清华大学在线教育研究中心以及国内外知名大学的紧密合作，学堂在线不断增加课程的种类和丰富程度。

以上三家平台都有众多的学习使用者和关注者，影响力较高，并且依托国内顶尖高校课程资源。从技术角度讲，三家平台的规模较大，运行稳定，值得我们进行研究。

二、项目化教学分析

（一）项目化教学的概念

项目化教学指的是将专业课程分为若干技术或技能单元，将教学单位作为教学项目所开展的有效性较高的教学活动，由此，学前教育专业存在的诸多教学问题即可实现顺利解决。项目化教学具备"教、学、用"三位一体、学习情境真实可感、学生为教学主体、团队合作为基础、学习途径多样、评价体系注重过程等特征。这些特征的存在使其能够更好地服务于学前教育专业，而在这一过程中渗入工学结合思想，学生即可获得充足的实践积累机会，使其学习积极性和主动性提高，形成团队合作精神，职业能力也将得到提升。由此可见学前教育学的项目化教学的价值。

（二）学前教育专业项目化教学整体设计策略

1.课程定位

课程定位环节应凸显"以学生为中心"的教学理念，结合理论学习规律、学生心理特点与专业需求。项目化教学下的学前教育专业能够真正为学生提供理论学习与实际工作结合的契机，在示范引领、实践教学等措施的具体应用中，学生即可掌握扎实的专业技能，萌发热爱幼教职业的职业信念。

2.课程目标

结合《教师教育课程标准》《幼儿园教师专业标准》，学前教育专业项目化教学应围绕专业理念、专业知识、专业能力三个方面确定课程目标。具体课程目标设计维度如下。①专业理念。通过学前教育专业实现学生正确教育观、儿童观、教师观的养成，以此规范学生未来的教学行为。②专业知识与能力。保证学生能够通过学前教育专业掌握未来工作所必需的教育理论，同时锻炼其问题求解、反思、合作等能力，最终实现学生职业能力的提升。③专业感受与体验。通过教育实践的开展为学生提供观摩、参与、研究的契机，由此实现学生正确职业理念、科学教育观念的形成。

3.课程设计

课程设计所涉及内容较为繁复，在此仅对其中具有代表性、实践价值较高的内容进行详细论述。

（1）教学模式一体化。学前教育专业的教学程序、步骤以及学生的学习方式直接受到教学模式的影响，因此学前教育专业项目化教学需要确定"学习置于真实情境，通过合作解决问题、探究问题背后的学科知识"的教学模式，这一教学模式需要按照"岗位分析→工作任务提炼→工作项目确定→工作任务细分→工作目标明确→工作步骤设计→实施工作"的流程开展，由此工学结合追求也能够得到较好的体现。

（2）课程内容项目化。结合典型工作任务、学习任务，即可挑选针对性较高的理论与实践结合章节，如实践部分可以选择生活活动组织、教学活动组织、游戏活动组织、一日活动组织、家园合作、环境创设等工作项目。其中的生活活动组织包含入园与离园活动的组织、餐前与餐后活动的组织、进餐活动的组织，而游戏活动的组织则涉及幼儿游戏的指导、行为观察记录、设计与组织。

（3）工作任务具体化。以"幼儿游戏的设计与组织"这一重要工作项目为例，幼儿游戏指导学习性任务的具体内容如下。①工作目标。结合幼儿游戏活动方案，在实际教学情境中深入学习幼儿游戏指导方法、组织实施游戏活动，同时适时参与、介入游戏，实现幼儿游戏观的正确树立。②工作步骤。以小组为单位展示本组游戏活动方案，探讨幼儿游戏基本理论与方法，总结活动组织过程中应注意的问题。③收获成果。以小组为单位记录的组织游戏的视频。

（4）工作过程系统化。为最大化、项目化教学有效性，具体的学前教育专业教学需要保证"工作过程结构的完整性"。笔者建议学前教育专业教学应用德国联邦6阶段模型，该模型涉及明确任务、制定计划、做出决策、实施计划、检查控制、评价反馈六个方面的工作过程。以家园合作工作项目中的"家长会设计与组织"为例，即可确定明确任务工作过程涉及教学学习小组、研究工作任务的学生工作，教师布置工作任务的教师工作；实施计划工作过程则包括家长会活动方案设计与展示的学生工作、教师评价方案、选择优秀方案召开模拟家长会并指导教师工作；评价反馈工作过程则包括小组反思、个体反思、教师评价等内容，由此学生个人的提高、活动方案的完善即可获得有力支持。

三、《幼儿园教育活动设计与指导》课程项目化教学存在的不足

当前，一些高校针对课程项目化教学已从人才培养方案、课程标准等方面做出相应调整，从理论层面建构起课程教学的应然样态。然而，教师在实践层面还存在诸多问题，主要表现在以下几个方面。

（一）课程项目化教学目标不明确

课程目标应坚持以职业岗位能力与素质需求为依据。由于缺乏深入的市场调研，多数高校在设置课程目标时未能明确该课程是支撑职业岗位中哪些具体

任务的，学生需要具备哪些能力与职业素养才能完成这些工作任务。此外，在以项目为导向的过程中，未能使每个项目、每个任务的知识点与学科本身的知识体系相吻合，做到有渐进性和梯度化，符合学生的认知规律。最后，在知识目标、能力目标与素质目标的表述上较为模糊、宽泛，较难做到可检验化；素质目标与职业岗位的联系还不够贴切和紧密。

（二）项目任务的选择和组织上存在随意性

项目任务选择的合理性直接影响项目教学的质量。基于职业岗位需求的课程项目化教学虽提倡项目任务来源于企业，但由于缺乏双师型教师、实训设备不足等因素的限制，将课程教学设计与职业岗位中某项具体任务匹配还存在较大难度，从而导致项目任务在选择上容易出现不够典型、与实践工作存在较大差距等问题。另外，高校实训课堂多采用模拟情境的方式进行，教学场域还是以前的教室，师生的角色未能转换，学生花大量时间在完成任务上，教师最后进行点评，忽略了学生的自评环节，让学生自己作为学习的主体梳理、归纳、总结相关知识。

（三）项目考核评价上很难做到过程性考核

过程性考核评价采取学习目标与学习过程并重的价值取向。运用到项目化教学中，它不仅是对项目任务完成结果的一种价值判断，更是在过程中对学生学习效果进行的及时、灵活、深入、全面且可持续的评价。当前的项目教学考核中突出的问题在于无具体、易操作的考核方案和基于数据化信息平台的统计方式，教师很难坚持在任务完成的过程中考核学生的学习态度、学习难点、任务完成数量与质量等。此外，当前评价的主体仍以教师为主，较少有学生和企业专职人员参与；多元的评价主体参与，不仅可以多视角对项目任务完成情况进行描述和评价，还有利于学生主体意识的培养，养成良好的学习习惯。

四、基于在线开放课程平台的项目化课程的实施

在线课程作为信息技术时代的产物，在教育教学中正受到越来越多的关注，在高校中的功能与价值尤其显著，为教师的专业发展提供了难得的契机。2018年4月，教育部印发了《教育信息化2.0行动计划》，提出了"持续推动信息技术与教育深度融合""全面提升师生的信息素养"等要求。2019年2月，中共中央办公厅、国务院办公厅印发的《加快推进教育现代化实施方案（2018—2022年）》更是将大力推进教育信息化作为重点任务之一，要求着力构建基于信息技术的新型教育教学模式，促进信息技术与教育教学深度融合，

推动以互联网等信息化手段服务教育教学全过程。

在该门课以往的教学过程中，教师更多的是作为课程教学的主体，以表达知识、传授知识与技能为己任，认为学生大多时候只是受众，以消化知识、理解知识为目的。这与当前高校生源的文化素质差异化、传统学习方法积极性普遍不高，而又需要培养高素质技术技能型人才的目标是背道而驰的。因此，学前教育专业课程急需适应当前信息技术与教育教学的深度融合的新形势变革，在人才培养过程中，将在线课程、混合式教学融入教育教学中，实现教学方法改革，充分调动学生学习的积极性和主动性。

（一）根据职业岗位需求，融合信息技术与教育教学，确定课程内容

《幼儿园教育活动设计与指导》在线课程在具体的实施过程中（见图6-2），由学前领域的幼教专家、教研员以及幼儿园的骨干教师以岗位需求为出发点，阐述岗位工作过程与工作内容，通过反复研讨，确立工作项目，提炼出满足岗位需求的职业能力与课程内容。

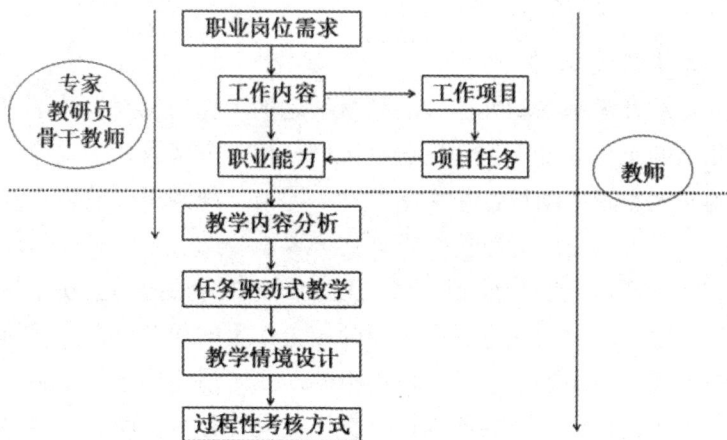

图6-2 基于职业岗位需求的项目化课程开发过程

研讨出来的课程体系坚持"以学生为中心，以能力为本位"的设计理念，以职业能力标准为起点，以培养幼儿为本，以培养德技并修的新时代幼儿教师为主要目标，以"实践—理论一体化"为实现途径，重在促进信息技术与教育教学深度融合，重构课程体系，确定教学目标，基于行动导向学习理论选择教学方法，利用信息技术，强化线上与线下的师生互动、生生互动，达到一种横向的、心理的、螺旋式的课程体系内容组织方式。

在建课的过程中，先根据《幼儿园教育指导纲要》《幼儿园教师专业标准（试行）》《3～6岁儿童学习与发展指南》《幼儿园教师资格证（国考）》以及全国高校学前教育专业技能大赛赛项内容对课程体系进行重构，将本门课程内容确定为幼儿园教育活动基本原理、幼儿园健康领域、幼儿园科学领域、幼儿园语言领域、幼儿园艺术领域、幼儿园社会领域活动的设计与指导以及综合能力训练共七大教学项目、32个教学任务；通过在线课程平台微课等资源，完成理论部分教学，然后在模拟的幼儿园情境中设计与组织活动，让学生在实践过程中习得实践性知识，并获得实践、反思能力的锻炼和提升。

（二）采用线上线下混合式教学模式

本门课坚持以学习者为中心，以成果为导向，实施反向课程设计主要采用"四阶五学"线上线下混合式教学模式，将课堂教学的四阶递进模式（通过任务驱动、原理讲述、小组互动、总结评价四个阶段实现教、学、做一体化的课堂教学）和学生运用高校在线开放课程平台进行线上学习的五学模式（导学、督学、自学、辅学、互学五个模式）有机结合，具体表现在课前、课中、课后三个教学阶段，促成学生的有效学习。

（三）教学情境设计

课程根据幼儿教师在幼儿园开展教育活动的工作情况来设计学习任务，即在模拟幼儿园的工作情境中让学生通过案例分析、方案设计、说课、试讲等方式来完成幼儿园教育活动设计与实施活动。课前，教师通过网络在线课程平台发放任务书，学生以小组为单位，根据任务要求，结合平台微课、优质方案设计案例等在线资源进行自主学习、尝试设计任务并利用课前10分钟或录制视频的方式进行任务反馈；理论课中，教师结合学生的任务反馈、优质案例进行知识原理的讲述，实训课中，学生在模拟的幼儿园情境中进行试讲，并结合教师、同学、幼儿园骨干教师的评价再一次优化设计方案；课后，再次利用平台讨论、测试、作业等功能进行总结和巩固。整个教学模式充分调动了学生学习的主动性，利用微课、优质案例、模拟情境、园校合作互评、课后巩固等多种形式丰富了学生的理论知识，强化了学生的实践性体验，有效实现了由被动接受知识到主动建构知识的转换。

（四）制定体现综合职业能力的过程性考核方式

项目化教学以项目为载体、任务为驱动，采用过程性考核，既能真实、客观地反映学生实际掌握的专业知识和专业技能，又可以了解学生的学习态度和学习过程，调动他们学习的积极性与团队合作能力，从而做到对学生的学习过程进行全面的监督与评价。《幼儿园教育活动设计与指导》考核方式采取过程性考核与终结性考核相结合的方式进行，采用以平时课堂表现、在线平台任务完成情况、小组课内实践（说课、试讲）与个人活动设计方案为主，期末考试（在线平台测试、期末小组试讲）为辅的形式，其中过程性考核占 60% 的成绩；学生课内实践需按项目任务分小组完成，由主题网络图、幼儿园教学活动设计、说课、学习态度与幼儿教师职业素养、试讲和其他六个部分组成，项目成绩由学生、小组互评及教师评价组成。

参考文献

[1] 高金岭，马佳宏．公共事业管理、应用心理学、教育技术学、学前教育专业学习指导 [M]．桂林：广西师范大学出版社，2007．

[2] 中国学前教育研究会幼儿园课程与教学专业委员会．幼儿园科学探究的教与学 [M]．南京：南京师范大学出版社，2006．

[3] 贺祖斌，黄艳芳．职业教育课程与教学论 [M]．北京：北京师范大学出版社，2010．

[4] 雷万鹏，黄旭中．教师教育发展现状调查与政策启示——基于湖北省的实证调研 [J]．华中师范大学学报（人文社会科学版），2017，56（6）：164–171．

[5] 张骏．职业胜任力导向下高职学生综合实践能力培养探析 [J]．教育与职业，2017（18）：108–112．

[6] 孔育．高校学前教育师资队伍专业化建设研究 [J]．黑龙江科学，2020，11(19):114–115．

[7] 朱旭，周峰．面向 2035：建设一流学前教育专业 [J]．早期教育 (教育科研)，2020(9):28–29．

[8] 田秀玉，严仲连．幼儿教师职业吸引力的现状、原因及提升策略 [J]．现代教育科学，2020(5):106–111．

[9] 舒玲．学前教育专业实践教学信息化改革与建设分析 [J]．长江丛刊，2020(25):93–94．

[10] 黄冬冬．浅谈《幼儿教师口语》精品课程数字化资源的建设构想 [J]．文科爱好者 (教育教学)，2020(4):232–233．

[11] 赵文莉．高职学前教育专业实践教学基地建设的建议与思考 [J]．科教文汇 (中旬刊)，2020(8):133–134．

[12] 吴昊文．"园校合作"背景下学前教育专业课程建设与评价的思路与对策 [J]．现代职业教育，2020(33):78–79．

[13] 李伟，张新明，李洪彬，等．高职学前教育专业群建设路径探索 [J]．中阿科技论坛 (中英文)，2020(8):162–165．

[14] 李雪艳.高师学前教育专业实践教学模式探索——以吉林师范大学为例 [J].赤峰
学院学报（自然科学版），2013，29（10）：224–226.

[15] 唐越桥.构建学前教育实践育人机制研究 [J].内江师范学院学报，2013，28（6）：
88–92.

[16] 范小玲.以职业能力为核心构建学前教育专业实践教学体系——以琼台师范高
等专科学校为例 [J].海南广播电视大学学报，2011，12（1）：77–82.

[17] 徐静.模拟教学法的内涵阐释 [J].苏州市职业大学学报，2005（1）：35–36.

[18] 李楚群.试论模拟教学法的特点 [J].湖南科技学院学报，2007（10）：129–131.

[19] 余丽霞.模拟教学法在《证券投资学》实践教学中的应用初探 [J].四川省干部
函授学院学报，2011（2）：80–83.

[20] 周文琼.新政策下中职学校学前教育专业教师成长路径研究 [J].东西南北，
2020(1):219.

[21] 杨丽娟.对学前教育专业教育政策法规课程的反思与改革 [J].现代职业教育，
2019(36):278–279.

[22] 吴雅彬，杨爱丽，孟琳.对高职学前教育专业幼儿体育课程结构体系的构建分
析 [J].湖北农机化，2019(7):40.

[23] 韩耀辉.基于模块教学理念下中职学校学前教育课程体系构建分析 [J].现代职
业教育，2019(8):12–13.

[24] 辛均庚，陈丽.贵州省高校学前教育专业课程体系构建 [J].新课程研究(下旬刊)，
2019(1):41–45.

[25] 周丹.职业院校学前教育专业理实一体化课程体系构建与实施 [J].职业，
2018(33):85–86.

[26] 李兴娜，高庆春，李波.高职高专学前教育专业《幼儿园教育活动设计与指
导》课程技能训练体系的构建与实践 [J].齐齐哈尔师范高等专科学校学报，
2018(6):86–89.

[27] 谢小辉，李艳霞.构建三年制高职高专学前教育专业技能课程体系的实践与探
究 [J].江西电力职业技术学院学报，2018，31(9):107–109.

[28] 周洋.学前教育专业实践教学体系的构建研究 [J].长江丛刊，2018(17):225.

[29] 袁小平.以实践能力为本位构建学前教育本科专业核心课程实践教学体系 [J].
湖南第一师范学院学报，2018，18(2):67–70.

[30] 王艳.论师专学前教育专业实训课程体系的构建 [J].天津市教科院学报，
2018(2):72–74.

[31] 黄翠华.应用型学前教育本科专业实践课程体系建设研究 [J].教育现代化，

2018，5(11):148-150.

[32] 周艳芳.学前教育专业"活动课程"构建与实施[J].生活教育，2018(1):116-119.

[33] 张金宏，石小燕.情景教学法在高职大学英语教学中的应用与研究[J].文史博览（理论），2013（11）：77-78.

[34] 李玲.高师院校学前教育专业教育实习的有效性构想[J].中国成人教育，2010（2）：64-65.

[35] 蔡欢欢，段作章.翻转课堂教学模式的理论探析[J].现代教育科学，2014（12）：120-122.

[36] 门雅丽.基于"互联网+"背景下学前教育区域联动教研对策的实践探索——"互联网+"背景下学前教育区域联动教研对策的研究报告[J].黑龙江教育（教育与教学），2020(10):74-75.

[37] 杨贺婷，刘姝辰，韩怡然.基于新教改的"互联网+"背景下学前教育的顺应发展及本质回归[J].延边教育学院学报，2020，34(3):159-161.

[38] 熊秋茹."互联网+"背景下学前教育信息化建设[J].湖北农机化，2020(2):134.

[39] 沙小梅."互联网+"背景下学前教育数字化教育资源建设探析[J].轻纺工业与技术，2019，48(12):87-88.

[40] 陈慧雯."互联网+"时代背景下学前教育创新发展分析[J].家长，2019(31):179，181.

[41] 刘玉芝."互联网+"背景下学前教育实践课程的建设[J].读书文摘，2019(6):34-35.

[42] 王淑芹."互联网+"背景下学前教育实践课程的建设策略研究[J].教育理论与实践，2019，39(6):61-62.

[43] 陈树英.多元智能评价理论在高职院校英语课程教学评价体系中的应用[J].晋城职业技术学院学报，2015，8（4）：24-27.

[44] 陈时见.论新时期教师培养模式改革[J].西南农业大学学报（社会科学版），2006（2）：212-215.

[45] 赵梦莹."互联网+"背景下学前教育专业教学模式改革实证研究[J].文化创新比较研究，2018，2(32):84，86.

[46] 李名璐."互联网+"背景下学前教育专业理论课程实践化的探究[J].小学科学(教师版)，2018(11):36.

[47] 李文喜."互联网+"背景下学前教育师资能力提升研究[J].学园，2018，11(29):154-155.

[48] 王烁，常亮．互联网背景下学前教育的创新发展 [J]. 职业技术，2018，17(3):99–101.

[49] 贺林珂．"互联网 +"背景下学前教育机会公平的机遇与困境 [J]. 教育探究，2017，12(1):23–27.

[50] 张雨婷．"互联网 +"背景下学前教育信息化建设的探讨 [J]. 中华少年，2016(32):248.

[51] 李建辉，王晶晶．教师专业素质结构新探 [J]. 当代教师教育，2010，3（1）：11–14.

[52] 冯永平．高校教学管理体制与运行机制的改革研究 [J]. 中国农业教育，2001(6):28–29，47.

[53] 曹秀慧．情景教学法在幼儿健身操教学中的实验研究 [D]. 济南：山东师范大学，2014.